Renovation of value

リノベーション・オブ・バリュー

負からのマーケティング

小田急エージェンシー
田村高志　古谷奈菜

武蔵野美術大学 客員研究員
水師 裕

SOGO HOREI PUBLISHING CO., LTD

まえがき

みなさんは、「古さ」「無駄」「無」「コンプレックス」「黒歴史」……という単語をご覧になって、どのような印象をもたれるだろうか。ポジティブな印象だろうか。それともネガティブな印象だろうか。多くの方は、きっとポジティブな印象を受け取ることはないと思う。

現代の消費社会では、「古さ」よりも「新しさ」、「無駄」よりも「便利」、「無」よりもモノや機能などが「有る」状態、「コンプレックス」よりも「強み」、「黒歴史」よりも「輝かしい歴史」の方がポジティブであると考えられている。それだけでなく、「古さ」「無駄」「無」「コンプレックス」「黒歴史」などという類の事象は隠蔽されたり、そもそも無かったことにされたりするのが世の常だ。

我々の消費生活は、デジタルテクノロジーの進展にともなって、ますます便利で心地よいものになっている。まるで「より便利に！　より速く！　より効率的に！」が合言葉となっているかのような世界。スマホ一台あれば、商品を比較して注文でき、友達ともつながれる。ネット記事を読んだり、動画を観たり、はじめていく場所の地図を検索することもできる。こういう便利で心地よい生活を享受している我々の常識からすると、やはり、「古さ」「無駄」「無」「コンプレックス」「黒歴史」といった類のものは、ますます「負」の事象のように思われてくる。

本書では、そんな一見「負」とみなされる事象を「価値」に変換する新しいマーケティングの発想法を紹介する。この発想法のベースにあるのが、本書のタイトルになっている「価値リノベーション」(Renovation of Value) という考え方である。この言葉は筆者らの造語であるが、マーケティング活動によって、「負」の事象が顧客や社会にとって価値あるものに意味転換されること、と定義している。

元々「リノベーション」という言葉には、古くなったり、壊れて使えなくなったり、時代に合わなくなったりといった「負」の状態にある建築物を「現在の価値」もしくは「未来の価値」に変換する、という意味合いがある。「価値リノベーション」では、建築物だけではなく、より広く世の中の「負」の事象が本来もっている意味構造をマーケティングによって「価値」あるものに変換できる、と考える。したがって、本書のスタート地点は常に「負」である。その意味で、本書の副題は、「負からのマーケティング」となっている。

ふと立ち止まって考えてみれば、今の日本は「負」に満ち溢《あふ》れている。

たとえば、日本の「経済」。ここ二十年ほどの間デフレが続き、長く暗いトンネルに入ったまま出口がみえないような状態にある。世界的にみても日本の経済成長率だけがドン詰まりで、衰退の一途を辿っている。

デフレになると、おのずと需要（消費と投資）が減少し、モノやサービスが売れない状態が続く。これにより企業の業績は悪化し、労働者の給料も減る。労働者は消費者でもあるので、ますます消費者は消費をしなくなる。そして企業も投資をしなくなる。こうしたスパイラルのなか、日本市場で商売をするのは大変な苦労がともなう。当然、優秀な企業はヒット商品を連発しているだろうが、ほとんどの企業は試行錯誤をしながら、苦い思いをしているのではないだろうか。

経済的な衰退だけでなく、「社会」の劣化も深刻だ。たとえば、非正規労働者の拡大、大学生・シングルマザー・子どもの貧困など、格差や不平等の問題が深刻化しつつある。また、少子高齢化によって、認知症や老老介護が増加し、独居老人の増加による孤独死の問題は、社会不安を煽《あお》る。労働面においても、ブラック企業の跋扈《ばっこ》によるパワハラ、セクハラ、長時間に及ぶ働きすぎによるうつ病の発症、過労死は、日常的な風景である。

経済の衰退や社会の劣化だけではない。「自然災害」も常に大きな脅威である。近年も、地震、台風、大雨、洪水、土砂崩れなどの発生によって、甚大な経済・社会的被害を被っている。

下り坂を迎えたニッポン……、という認識が広がるなかで迎えた二〇二〇年。中国・武漢から発祥したとされる新型コロナウイルス（COVID－19）なる疫病の感染が拡大してしまった。

こうしたありあまる「負」の状況を前提として、どのようなビジネスやマーケティングが展開できるのか。これは、国内の顧客や社会を相手にしているすべての実務家がもつ共通の問いだろう。こうした問いすべてに応えることはできないが、「価値リノベーション」の考え方によって、一筋の光をもたらすことはできる、と筆者らは考えている。

ぜひ本書をご一読いただき、「負」を「価値」に変換するマーケティングのエッセンスを学び取っていただきたい。

ここで一つ誤解がないよう断っておきたいのだが、本書は、売上低迷など逆境の状態に置かれても「気のもちようでうまくいく！」という、自己啓発的なポジティブシンキングを勧めているわけではない。むしろそうではなく、「負」の事象に意識的にフォーカスし、「負」の事象を一段深くみることで、そこから生み出される「価値への意味転換の可能性」が無数にある、という認識の可能性、発想力の可能性に注目している。その意味で本書は、ビジネスやマーケティングにおける新たな発想法を提供する書であるといえるだろう。

本書では、「古さ」「無駄」「無」「コンプレックス」「黒歴史」という五つの切り口から、実際の取材を通じてまとめた具体的な事例を用意している。「負」を「価値」に変えた実事例を通じて、「価値リノベーション」の発想法が学べるように構成してある。

「序章」では、まず日本をとりまく「負」の背景と「価値リノベーション」とは何かについて解説する。

「第一章」では、「古さが価値になる」と題して、富士フイルムの「写ルンです」を取りあげる。本来「古い」とみなされたこの製品が、なぜ若者間でブームになったのかを紹介する。

「第二章」では、「無駄が価値になる」と題して、「不便」「手間」を楽しむ消費行動を横断的に解説しつつ、「小田急」による観光地「箱根」の再生事例を紹介する。

「第三章」では、「無が価値になる」と題して、モノ・情報・つながりを断つ消費行動を横断的に解説し、事例として「いすみ鉄道」の再生を紹介する。

「第四章」では、「コンプレックスが価値になる」と題して、深刻な経営難に陥った「銚子電鉄」の自虐戦略による復活劇の事例を紹介する。

「第五章」では、「黒歴史が価値になる」と題して、「原爆の惨禍《さんか》」という黒歴史に注目し、二〇一九年四月にリニューアルオープンした広島平和記念資料館（通称：原爆資料館）の「本館」リニューアル事例を紹介する。

「終章」では、「価値リノベーション」に基づく「負からのマーケティング」の終着駅がいったいどこなのかを解説する。いわば、本書の終着駅でもある。

本書の読み方だが、最初に「序章」を読んでいただければ、「価値リノベーション」とは何かをご理解いただけると思う。あとは、どこの章の事例をお読みいただいても一話読み切り型となっているので、気になった事例から読みはじめていただきたい。

本書は、「負」が前提の状況のなかで顧客や社会と向き合い、日々試行錯誤しておられるすべての実務家に向けて書かれている。そのような方々の発想の転換のお役に立てたなら望外の喜びである。難しい理論書ではなく、実務的な手引書なので、気軽な読み物として読み進んでいただけると幸いである。

第二章 無駄が価値になる

～「不便」「手間」を楽しむ消費行動と小田急による観光地「箱根」再生を事例として

第三章　無が価値になる
～モノ・情報・つながりを断つ消費行動と「いすみ鉄道」の再生を事例として

第四章　コンプレックスが価値になる
～経営難に対する「銚子電鉄」の自虐戦略を事例として

第五章　黒歴史が価値になる
～広島平和記念資料館
二〇一九年の本館リニューアルを事例として

序　章

「負」が
常態化する時代

現象に立ちどまって「あるのはただ事実のみ」と主張する実証主義に反対して、私は言うであろう、否、まさしく事実なるものはなく、あるのはただ解釈のみと。私たちはいかなる事実「自体」をも確かめることはできない。おそらく、そのようなことを欲するのは背理であろう。（中略）総じて「認識」という言葉が意味をもつかぎり、世界は認識されうるものである。しかし、世界は別様にも解釈されうるのであり、それはおのれの背後にいかなる意味をもってはおらず、かえって無数の意味をもっている。

フリードリッヒ・ニーチェ『ニーチェ全集13 権力への意思　下』（原佑訳）ちくま学芸文庫（一九九三）、二七頁

衰退途上国、ニッポン

日本の経済は、衰退の一途を辿っている。

我が国は一九九〇年代後半から、二十年以上にわたってデフレ（デフレーション）の状態にあり、第二次世界大戦後の世界でも他に類を見ないほど長期のデフレに陥っている（中野二〇一九、二〇－二二頁）。

一般的にデフレとは、モノやサービスの価格（物価）が持続して下落することをいう。デフレは、需要（消費と投資）が減少し、需要が供給よりも下回ることで発生する。需要が減少し続けるということは、モノやサービスが売れない状態が続くことを意味するので、企業の業績が悪化する。企業の業績が悪化すれば、労働者の給料は減らされ、場合によっては失業の憂き目にあう。給料の削減や失業が起きると、労働者は消費者でもあるため、消費をしなくなる。企業も業績が悪化すれば赤字になって投資をしなくなる。こうして消費や投資が減少すると、さらなる企業の業績悪化と労働者の給料の減少につながる。

このような、需要が減少すると企業利益や労働者の所得が減少し、企業利益や労働者の所得が減少すると需要が減少する……という悪循環をデフレスパイラルという。デフレスパイラルが回転していけばいくほどモノやサービスの価格、そして労働者の賃金は下がっていく。こうしたデフレスパイラルに陥って貧困化しているのがいまの日本の姿である。

二十年以上にわたってデフレにある我が国。こうしたデフレ下における経済成長率がどのような状態にあるか、読者のみなさんはご存知だろうが、復習もかねて確認しておこう。

一九九五年から二〇一五年までの二十年間の我が国の経済成長率（名目ＧＤＰ）をみてみると、世界平均がプラス一三九％、米国プラス一三五％、中国プラス一四一四％であるのに対し、世界の国々のうち日本だけがマイナスであり、しかもマイナス二〇％と「断トツの最下位」で、世界唯一の「衰退途上国」となっている（藤井二〇一八、四六－四九頁）。また世界各国のＧＤＰシェア（ドル建て）では、一九九五年に一七・五％を占めていた日本だが、二〇一五年には五・九％と、約三分の一にまでシェアを落としてしまっている（藤井二〇一八、四五頁）。

先進国は経済が成熟しているから経済成長は鈍化する、という言説を耳にすることがある。しかしながら、一九九五年から二〇一五年までの二十年間、日本は、先進諸国のなかで唯一、経済成長をしていない国である。「世界の中で日本は、もはや既に『経済大国』の地位を完全に失っている」（藤井二〇一八、四四頁）のである。まさに、「衰退途上国、ニッポン」である。

劣化するニッポン社会

経済的な衰退だけでなく、我が国の「社会」においても劣化が進む。たとえば、貧困や格差の問題。非正規労働者の拡大と固定化、大学生やシングルマザーの貧困、約七人に一人の子どもが貧困※1にあるという子どもの貧困など、格差や不平等の問題が深刻化しつつある。

社会学者の橋本健二氏は、『新・日本の階級社会』（講談社新書、二〇一八年刊）のなかで、格差による「階級」が固定化されつつある日本社会の現状を指摘している。特に橋本氏が指摘した「階級以下」の存在である「アンダークラス」（パート主婦を除く非正規労働者）の登場は、日本社会の格差問題を象徴しているといえるだろう。橋本氏の算出によればアンダークラスは、二〇〇二年に六九一万人、〇七年に八四七万人、一二年に九二九万人（就業者全体に占める比率一四・九％）と、他の階級と比較して唯一激増している階層である（橋本二〇一八、八三頁、八九頁）。

また、二〇一五年の調査データ※2によると、正規労働者の個人平均収入が三七〇万円であるのに対し、アンダークラスは一八六万円ほどであり、貧困率においては正規労働者の七・〇％に対し、アンダークラスは三八・七％にものぼるという（同書八二－八三頁）。
しばしば貧困は連鎖するといわれるが、その図式は以下のようなものだ。

①貧困家庭で子どもが生まれ育つ
②家には教育費がなく、塾へ行けないことから子どもの学力が低下する
③その結果、中卒、高卒の学歴しかつかない
④低学歴の人の多くが、給料の安い非正規の仕事につく。実際に中卒、高卒の人たちの非正規雇用の割合は、それぞれ62パーセント、43パーセントと高い※3
⑤これによってその人は経済的に困窮し、貧困家庭をつくり出してしまう

（石井二〇一九、二〇八－二一〇頁）

貧困の連鎖により階級が固定化される側面があるにも関わらず、「貧困な人は、努力が足りないから貧困なのであって、自業自得」というような自己責任論がみられるのも日本社会の特徴の一つである。橋本氏が二〇一六年の調査から算出したデータによると、「貧困になったのは努力しなかったからだ」という質問に対し、資本家階級では、「とてもそう思う」一一・三％、「ややそう思う」三五・八％という回答結果であったのに対し、アンダークラスでは、「とてもそう思う」五・六％、「ややそう思う」三一・七％であった（橋本二〇一八、二二五頁）。

少子高齢化が抱える問題も多岐にわたる。介護業界の逼迫《ひっぱく》、認知症や老老介護の増加。独居老人の増加による孤独死の問題も、社会不安をかき立てている。

労働面においても、ブラック企業の跋扈によるパワハラ、セクハラ、長時間に及ぶ働きすぎによるうつ病の発症や過労死は、珍しいものではない。正常に働いていても、リストラ、介護離職、精神疾患・生活習慣病の発症などのリスクと常に隣り合わせである。労働者は、いつ「中流層」から「下流層」に転落するか分からない不安に苛《さいな》まれている。

社会学者の山田昌弘氏は、こうした社会の劣化の特徴を「底辺への競争」という言葉で端的に言い表している（山田二〇一七）。日本における「底辺への競争」とは中流生活を維持するための競争、つまり「底辺に落ちないための競争」（一四頁）である。中流生活とは「人並みの生活」、つまり「持ち家があって、車が買えて、家電製品がそろって、子どもを高等教育に通わせようと思えば通わせられて、ときどき家族レジャーができるというような、いわば『豊かさをあらわすアイテム』がそろっている暮らしぶりのこと」（一三頁）である。

個人的な好みの問題で、それら「豊かさをあらわすアイテム」を買えるだけの十分なお金を持っていながら、あえて買わない、という人もいるだろう。しかしながら、現在の日本国民には、こうした「豊かさをあらわすアイテム」をすべてそろえる中流生活を維持するような金銭的余裕が無くなりつつある。底辺への競争とは、決して前向きなものではなく、「下流に落ちないための競争」であり、「後ろ向きの競争」でもある（一四頁）。

いま日本では、かつて「一億総中流社会」と呼ばれた「誰もが中流でいられた社会」が溶解している。その溶解の仕方は、まさにデフレ下の日本において、二〇〇四年から二〇一九年まで『ビッグコミックスピリッツ』（小学館）で不定期連載された漫画『闇金ウシジマくん』で描かれた荒涼とした社会の風景と重なってみえる。この作品は反響が大きく、映画化もされ、単行本は累計一七〇〇万部を売り上げる大ヒット作となっている（cf. 緒方二〇一九）。

『闇金ウシジマくん』の作者・真鍋昌平氏は、丹念な取材を通じて作品を描くことで知られ、「テレクラで売春してはパチンコで散財する中年女性や貧困ビジネスに搾取されている青年など、ワケありの債務者たち」（緒方二〇一九）を描いてきた。連載期間となった平成時代の後半で社会はどう変わったと感じるかという『週刊東洋経済』（東洋経済新報社）の取材に対して、真鍋氏は以下のように話している（緒方二〇一九）。


人々が社会の中でカテゴライズ（区分）され、そこでの立場を自覚している人たちが増えたなと感じる。連載を始めたころだと、雇用であれば非正規雇用の人たちは、自分たちの立場をあまり理解できていない、もしくはわからない中で先行きに不安を感じていた。いまの状態は一過性のものであって、いずれ元に戻るのではないか、そういう雰囲気もあった。でもそうならずに、その立場が確定していった。私はお金のない人だけでなく富裕層の人たちにも会って話をするが、彼らが現在に至るまでたどってきたルートは全然違う。そこがいわゆる格差だと思う。

実際のところ、日本人は「格差」というものを認識しているのだろうか。図0－1は、「貧富の差」について聞いた、ここ二十年間における時系列調査データである※4。「今の世の中は貧富の差が大きくなってきているように思う」が九割を占め、「小さくなってきているように思う」は一割程度まで減少している。「貧富の差」と「格差」とはイコールではないが、現代の日本人は、貧しくなっていく人々と、そうでない人々との間に「差異」が生まれていることをおおむね認識しているようである。

図0-1　日本人の「貧富の差」に関する意識

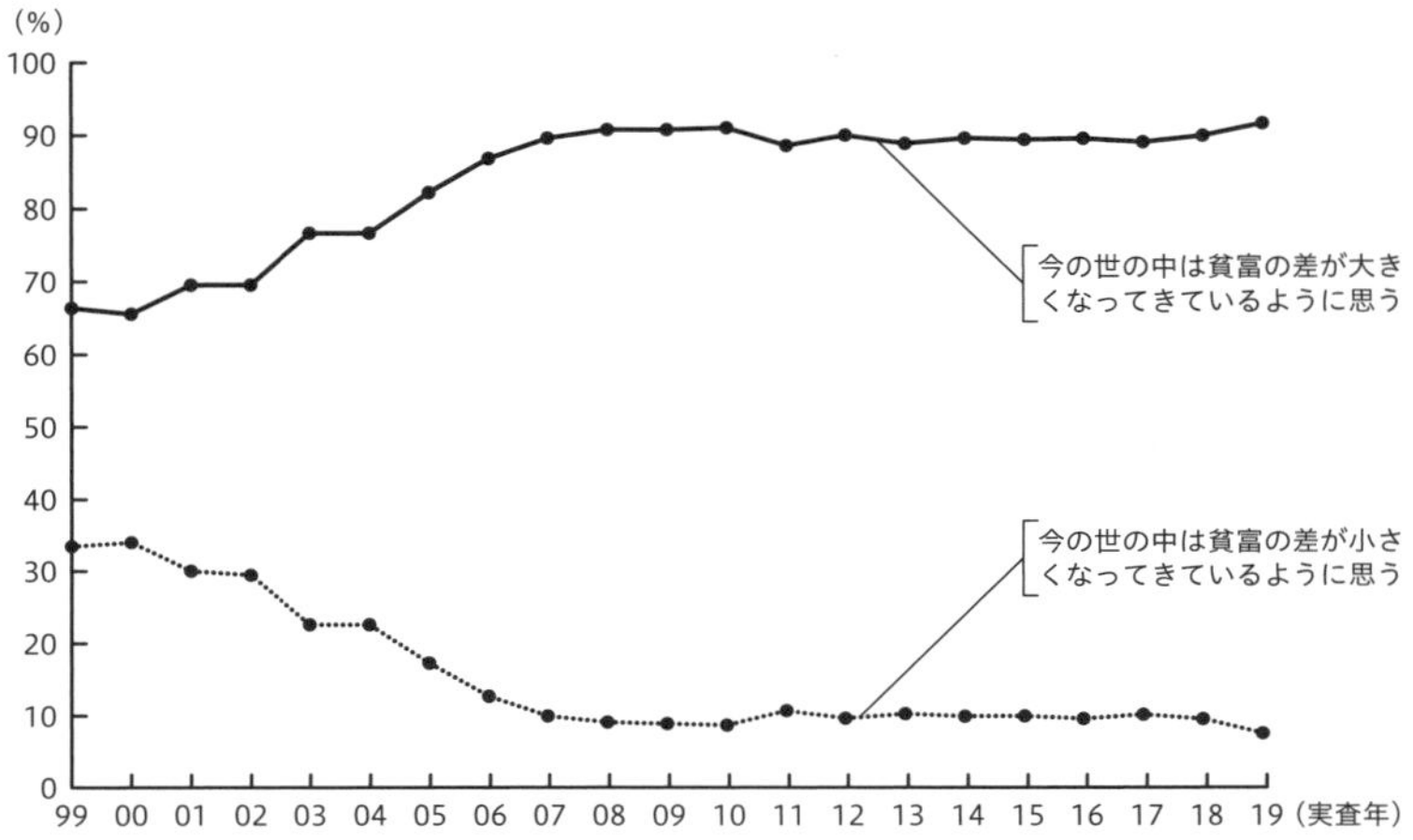

出所：株式会社リサーチ・アンド・ディベロプメント（R&D）「生活者総合ライフスタイル調査 CORE」（各年10月実施）。

「負」が常態化する国、ニッポン

経済の衰退や社会の劣化だけでなく、「自然災害」も我が国にとっての大きな脅威である。我が国は自然災害の多い国土であることから、近年も、地震、台風、大雨、洪水、土砂崩れなどの発生によって、次々と甚大なる経済・社会的被害を被っている。近い将来、南海トラフ巨大地震など、大型の地震の発生も予測されている。

自然災害による爪痕は大きい。例えば、二〇一一年三月十一日に発生した東日本大震災における福島第一原子力発電所の爆発以降、実は、わが国はいまだに「原子力緊急事態宣言」が解除されていない「緊急事態」の状態にある（二〇二〇年七月現在）。日本人は自然災害とともに生きるだけにとどまらず、放射能とともに生きる「with 放射能」の時代を生きている。

経済の衰退や社会の劣化、自然災害の多発、with 放射能……と挙げていけばキリがないが、様々な「負」の状態が我が国では常態化している。

これまでのおおよそ二十年ほどの国内ビジネスを振り返ると、デフレ不況や経済規模の縮小によって貧しく縮んで劣化していく市場の「パイ」を取り合う、熾烈《しれつ》な「イス取りゲーム」にたとえることができるのではないだろうか。もちろん、この「イス取りゲーム」はこれからも続くのだろうが、全員が座れるイスは用意されていないように思われる。

図0－2は、心理学者ヘンリー・マレーの欲求理論をベースとした、日本人の「基本的ニーズ」における過去二十年間（一九九九年から二〇一九年）のシェアの推移を示したものである※4。図0－2をみると、「平穏・安定」ニーズは、二十年に渡って増加傾向にあり、「自由」ニーズは、それまで横ばいだったが、二〇一三年あたりから増加傾向にある。一方、「革新・

図0-2 日本人における基本的ニーズのシェア推移

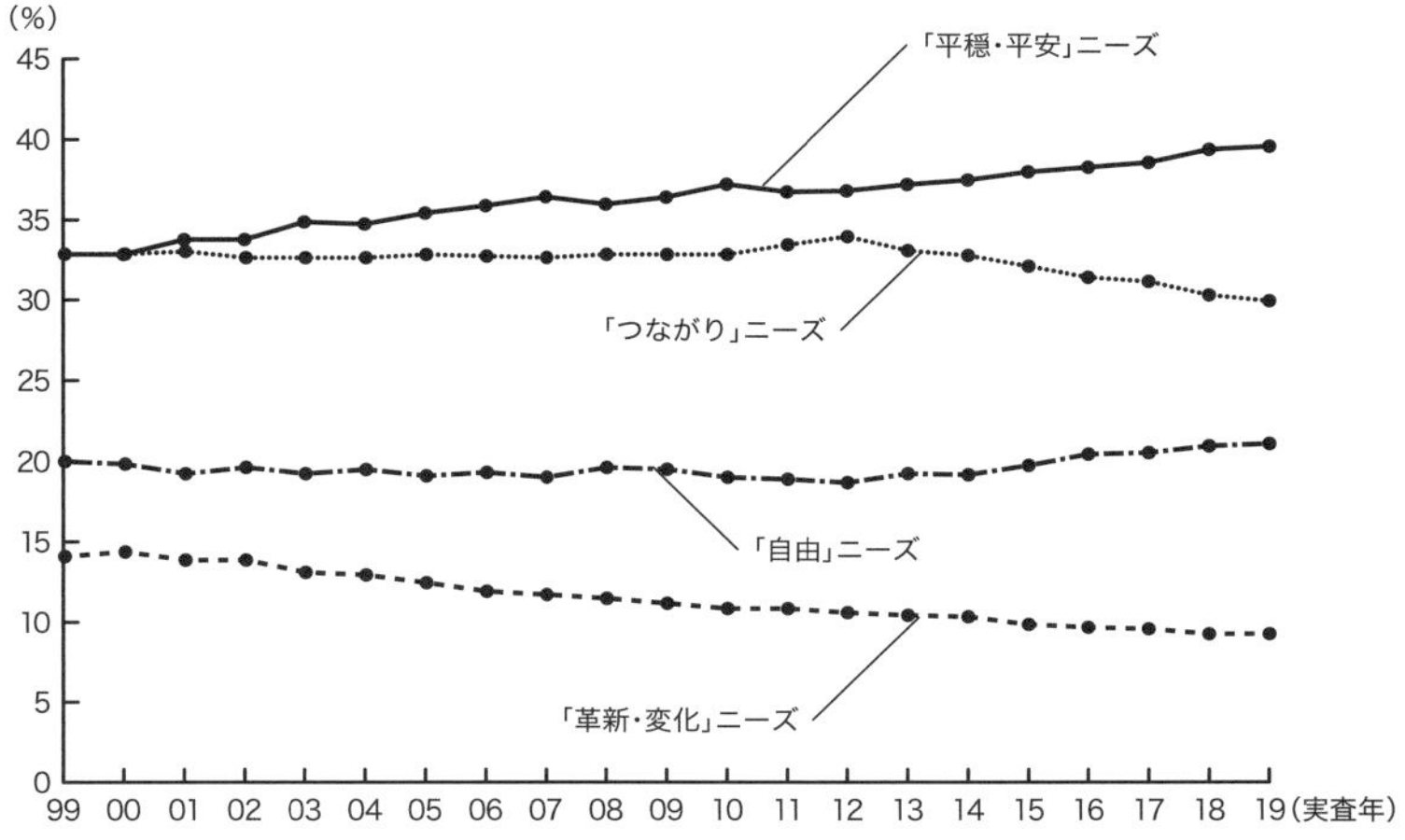

出所：株式会社リサーチ・アンド・ディベロプメント（R&D）「生活者総合ライフスタイル調査 CORE（各年10月実施）。

変化」のニーズは、二十年に渡って減少傾向にある。「つながり」ニーズは、それまでほぼ横ばいだったものが二〇一二年をピークに、それ以降は減少傾向にある。

ニーズとは、人間がもつとされる「欠乏」の状態である。ニーズには様々な分類の仕方があるが、たとえば、渇《かわ》き、空腹、性、睡眠、呼吸、苦痛回避など生命維持に必要な一次的欲求（生理的欲求）、達成、親和、依存、承認など後天的に学習された二次的欲求（社会的欲求）に分けることができる（中島他一九九九、八六八頁）。

喉《のど》の渇きに対して、喉を潤す何かを欲するというように、ニーズには、不足したものを埋め合わせようと作用する側面がある。いわば、「不足すると欲しくなり、充足すると棄てたくなる」のが人間のニーズである。人間のニーズの状態は一定ではなく、状況や時間の経過とともに変化する。いわば、ニーズは時代とともにゆらぐのである。

こうした「不足すると欲しくなり、充足すると棄てたくなる」というニーズの特性からみると、図0－2の傾向は、「平穏・安定」や「自由」が失われ、「つながり」や「革新・変化」はある程度満たされてきているという、ここ二十年間の日本人の姿が浮かび上がってくる。

二十年におよぶデフレ下で、貧しく縮んで劣化していく「パイ」を取り合う、熾烈な「イス取りゲーム」に駆り出されてきた日本人。おのずと、「平穏・安定」や「自由」の感覚が失われ、

「平穏・安定」や「自由」の感覚を取り戻したいと欲望することになったのだろう。また、スマホの登場により、ソーシャルメディアを通じた「他者との常時接続」によるウザさから「つながり」への疲れを感じ、日々「イノベーションせよ！」の号令のもと「変革」に駆り立てられる社会にあって、「革新・変化」は、もうお腹いっぱい、ということなのだろうか。

このようにして迎えた二〇二〇年のニッポン。中国・武漢から発祥したとされる新型コロナウイルス（COVID－19）なる疫病の感染が拡大した。

実は、二〇一九年十月の一〇％への消費増税以降、二〇一九年十月から十二月の国内総生産（GDP）は、物価変動を除いた実質で前期比一・八％減、年率換算で七・一％減の状態にあった（『日本経済新聞』ホームページ、二〇二〇年三月六日付）。このように、すでに経済が甚大な打撃を受けていたタイミングに新型コロナウイルスは襲来した。新型コロナによる「経済活動自粛」の動きは、まさに大怪我をした傷口に大量の塩を塗りこむような事態を引き起こしている（二〇二〇年七月現在）。

現在の日本は、まさに「負」が常態化する時代にある。

「負」が「価値」に変わる　―価値リノベーションとは何か―

本書のタイトルである、「リノベーション・オブ・バリュー」(Renovation of Value：価値リノベーション）とは、マーケティング活動※5によって、「負」の事象が顧客や社会にとって価値あるものに意味転換されることである。

通常、リノベーションという言葉は建築や不動産の領域で使用されるため、「なぜマーケティングでリノベーション?」と疑問をもたれた方も多いだろう。本書では、マーケティングの文脈にこのリノベーションという言葉を転用して使っている。「リノベーション・オブ・バリュー」(価値リノベーション）という用語は、筆者らが創ったある種のターミノロジー(専門用語としての新語、造語）であることを断っておきたい。

リノベーションという言葉を辞書で引くと「刷新・改善」「修理・修復」の意味があり、「近年では、建築物の改造についていうことが多い。特に、古い部分の補修や内外装の変更程度にとどまるリフォームに対し、増築・改築や建物の用途変更など、資産価値を高めるための大規模な改造をさす」（デジタル大辞泉）とされている。

また、一般社団法人リノベーション協議会ホームページによれば、「リノベーションとは、中古住宅に対して、機能・価値の再生のための改修、その家での暮らし全体に対処した、包括的な改修を行うこと。例えば、水・電気・ガスなどのライフラインや構造躯体《くたい》の性能を必要に応じて更新・改修したり、ライフスタイルに合わせて間取りや内外装を刷新することで、快適な暮らしを実現する現代的な住まいに再生」すること、と定義されている。

このように、リノベーションという言葉には、古くなったり、壊れたりして使えなくなったものや時代に合わなくなったものなど、「負」の状態を現在における価値に変換する、という意味合いがある。つまり、リノベーションのスタート地点は、あくまで「負」である。この意味で、本書の副題は「負からのマーケティング」となっている。

前節に書いたとおり、現在の日本は経済の衰退や社会の劣化、自然災害の多発、疫病の蔓延など「負」が常態化している時代にある。マーケティングの現場においては、何かと威勢の良いポジティブな物言いが好まれる。本書ではそれに抵抗するわけではないが、あえて「負」からスタートするマーケティングについて考えていきたい。

マーケティングの現場には、「負」の事象が溢れている。具体的な説明は次章以降に譲るが、本書では「負」の状態や事象として、「古さ」「無駄」「無」「コンプレックス」「黒歴史」という五つを取り上げ、これら「負」の事象がいかにして価値にリノベーションされたかを事例に基づいて紹介していきたい。

マーケティングの現場では、こうした「負」の事象が否定されてその対極にある「正」のものに置き換えられることが多いのではないだろうか。たとえば、「古いもの」は「新しいもの」にグレードアップし、「無駄」は「便利」にイノベーションし、何も「無」いという状態は「有る」という状態に演出、もしくは「所有」させるよう促すのが常なのではないか。また、自社や社会が抱える「コンプレックス」や「黒歴史」は無かったことにして、キレイなもの、良くみえるものだけに焦点を絞って顧客や社会に訴求しようとするのではないだろうか。

このように「負」の事象は、否定的あるいは無かったこととして扱われる場合が多いと思われる。しかしながら本書では、「負」であるからこそ、その「負」の意味を肯定的に捉えるからこそ、独自の価値にリノベーションできる機会が存在すると考える。

建築や不動産の領域で使われるリノベーションという用語においても、「中古」住宅という「負」の実体があるからこそ、そこに知恵やデザインが投入されて、新築では味わえない素敵な味わいのある住宅に生まれ変わるのである。そこには、中古住宅における「中古」の意味が否定されることなく肯定的に別の意味に変換され、それがゆえにユニークな価値が創出されるプロセスがみてとれるだろう。

マーケティングにおいても同様で、「負」の実体、事象があるからこそ、マーケティング活動によって、顧客や社会にとってユニークな価値に意味転換されるチャンスが存在すると考えることができる。マーケティングにおいて、「負」の事象から意味転換される価値のバリエーションは、可能性として無数に広がる。これは、人間がもつ認識の可能性の広がりに比例している。

哲学者・ニーチェにこのような言葉がある。『認識』という言葉が意味をもつかぎり、世界は認識されうるものである。しかし、世界は別様にも解釈されうるのであり、それはおのれの背後にいかなる意味をももってはおらず、かえって無数の意味をもっている」（ニーチェ一九九三、二七頁）。「世界は別様にも解釈されうる」がために、価値リノベーションにおいても「負」の事象は「無数の意味をもっている」のである。「負」の事象を否定したり隠蔽することなく、いかなる肯定的な意味転換を引き出せるかは、あなたの認識しだい、発想力しだい、意志の力しだい、である。だからこそ、他と差別化されたユニークな価値創出が可能となるのである。

図0―3は、価値がリノベーションされるモデルを図示したものである。このモデルでは、事業者サイドとユーザーサイド（顧客や社会など）との相互作用によって価値がリノベーションされる、と考える。事業者サイドとユーザーサイドそれぞれの認識がリノベーションされることによって、お互いにそれを「伝達」し「解釈」し合うなかで、もともと「負」であった事象に基づいて、「既存の価値認識」が更新され続けるのである。当然、この更新バリエーションの可能性

は、人間がもつ認識の数だけ無数にありうる。事業者サイドから「認識のリノベーション」がはじまる場合もあれば、逆にユーザーサイドから「認識のリノベーション」がはじまる場合もあるだろう。結果として、両者の共創によって、価値リノベーションは駆動していくのである。

経済の衰退や社会の劣化、自然災害の多発、疫病の蔓延、with 放射能……など「負」が常態化する時代にあって、我々はそれらを無かったことにはできない。「負」が常態化する時代だからこそ「負」と向き合って、もう一度人間にとっての「価値」とは何かを探究しリノベーションする必要がある。本書が紹介する「価値リノベーション」のアプローチは「負」が常態化する時代のマーケティングにとって、一筋の光となるはずである。

図0-3 価値リノベーションのモデル

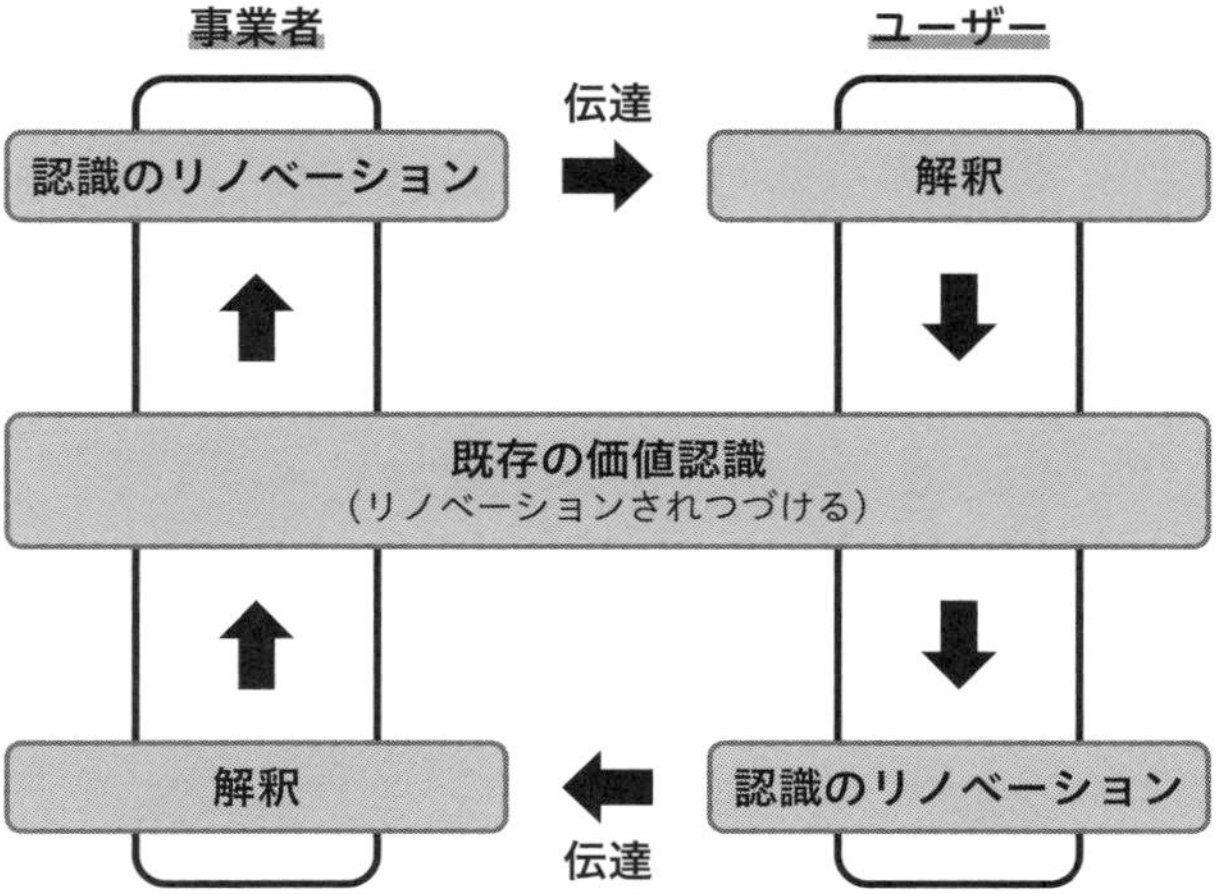

出所：著者作成。

次章からは、「古さ」「無駄」「無」「コンプレックス」「黒歴史」という五つの「負」の事象が価値にリノベーションされた事例について紹介していく。

※1　厚生労働省「国民生活基礎調査」によると、二〇一八年の子ども（十七歳以下）の相対的貧困率は、一三・五％であったという。
※2　二〇一五年「社会階層と社会移動全国調査」（ＳＭＭ調査）のデータ。
※3　経済産業省次官・若手プロジェクト「不安な個人、立ちすくむ国家」（平成二十九年五月）による二〇一三年のデータ。最終学歴別の非正規雇用比率は、中学校六二％、高等学校四三％、専修学校・専門課程三六％、高専・短大四〇％、大学二〇％、大学院一二％となっている。
※4　当該調査データ「ＣＯＲＥ」の調査概要は以下のとおりである。
・調査対象：首都圏四十㎞圏内在住の十八〜七十九才男女計三千人
・調査地点：市区町村人口に基づく確率比例抽出による地点抽出
・サンプル抽出方法：直近の国勢調査による人口構成に比例したクオータサンプリングと住宅地図を用いたエリアサンプリングによる対象者選定の組み合わせ
・方法：訪問・郵送併用による自記入式留置調査票
・調査時期：各年十月

※5　「マーケティング」には様々な定義が存在する。本書で「マーケティング」というとき、二〇〇七年に米国マーケティング協会（ＡＭＡ：American Marketing Association）によって定められた以下の定義の意味で使用する。

Marketing is the activity, set of institutions, and processes for creating, communicating, delivering, and exchanging offerings that have value for customers, clients, partners, and society at large.

（マーケティングとは、顧客、得意先、パートナー、社会全体にとって価値ある提供物を、創造、コミュニケーション、配達、交換するための活動、一連の制度、またはプロセスである。）※筆者訳

第一章
古さが価値になる

〜富士フイルム「写ルンです」
若者におけるブームを事例として

過去は幻影の妙味を失うことなくして、
再び生命の光と動きとを帯び、現在となることであろう。

シャルル・ボードレール『ボードレール芸術論』(佐藤正彰・中島健蔵訳)角川文庫(一九八九)、一一八頁

古さへの注目　―若者からの支持―

本章では、「古さ」の価値リノベーションについて焦点を当てる。価値リノベーションとは、序章で定義したように、「マーケティング活動によって、『負』の事象が顧客や社会にとって価値あるものに意味転換されること」である。

新しい製品が生み出されていくと、一般的には古い製品の価値は下がっていく。自社製品のなかにおける話であれば、古い製品に代わって新製品を生み出し続けることで会社全体としての売上にドライブをかけていくということも成り立つかもしれないが、他社から新しい製品が発売され、自社では上回る性能をもった製品を打ち出すということが、技術的・コスト的に難しい場合もあるのではなかろうか。こうした場合において、古い製品は価値が低く、「負」の状況に陥っているといえる。

価値リノベーションという視点においては、「古さ」を活かした打開策を考えることになる。すなわち、常に最新技術を搭載した新製品をどんどん開発していこうとするという、大きな体力を要する苦しい戦い方ではないのである。そもそも、昨今は市場が成熟化している業界も多く、新しいものを次々と生み出していくことは一筋縄ではいかない。

古さを活かすというと、「レトロ」という言葉を想起される方が多いのではなかろうか。昔の家庭用ゲーム機、昔のお菓子、アンティーク雑貨、または昔ながらの商店街や街並みも想像されるかもしれない。当時の状態をそのまま復刻したものもあれば、存在はしなかったものの、あえて疑似的に古めかしくつくったものなども思いつくかもしれない。

家庭用ゲーム機では、「復刻版」として昔の商品を再び発売して人気となるということを度々目にする。たとえば任天堂株式会社から、一九八三年発売の家庭用ゲーム機「ファミリーコンピュータ（ファミコン）」を小型で復刻させた「ニンテンドークラシックミニ　ファミリーコンピュータ」が二〇一六年に発売され、当時遊んでいた人々を中心に人気を博した。

これは、古いモノを、その当時使用していた人たちに再度アピールすることで、当時の思い出を呼び起こし、価値化に至っている事例である。これは特にそのモノやコトとの幼少期の思い出がどれほど濃いかによって影響力が変わってくる。ゲームは幼少期に多くの人が経験することであろうし、また試行錯誤しながら繰り返し遊んだことだろう。その分、思い出深い良き記憶として定着化しやすいという特性があると考えられる。

このように、古さを活かしている事例は既に多く存在するが、改めて「古さ」の価値リノベーションに着目していく時代に、今こそなっているといえよう。それは、今までのレトロ商品と異なる現象が、近年多くみられるようになっているからだ。具体的には、〝若者〟のなかでレトロブームが起こっているということである。

従来、レトロであることを戦略的に活かしたレトロマーケティングは、先の家庭用ゲーム機「ファミコン」の事例で示したように、その当時を経験していた人をターゲットとし、良き思い出という懐かしい感情を抱かせることで購買へとつなげていることが主流であった。近年は、若者もレトロ商品に反応しているということは、〝当時、レトロ商品を使用していなかった人に対しても、「古さ」を価値化することができる〟ということであり、「古さ」を活用して、ターゲットを広げるチャンスにもなるのである。

では、昨今若者のなかで注目されたレトロ商品にはどんなものがあるのか、事例をいくつかみておこう。

まず一つ目に、レンズ付きフィルムの「写ルンです」。一九八六年に富士フイルム株式会社より発売され、当時画期的商品として大ヒットとなった。しかしながら、その後デジタルカメラの勢いに押され徐々に姿をみることが少なくなり、さらに最近では、スマートフォンのカメラ機能が格段に向上したことにより、カメラ自体をもたないことも普通のこととなってきている。しかし、スマートフォン世代の若者において、この「写ルンです」がブームとなった。

他には、昔の民家を店舗として活用した「古民家カフェ」も人気となっており、少し路地を入ったら若者が列をなしている場所があったなんてこともある。例えば、表参道駅から徒歩七分の少し路地を入ったところに「裏参道ガーデン」という古民家カフェがある。一軒家の古民家をリノベーションし、店内には複数の店舗が入っているが、パンケーキなど若者に人気のスイーツを楽しむことができる。筆者（古谷）もスイーツが好きで、学生の頃からよく友人と表参道などのカフェに行っていたのだが、裏参道ガーデンでは、〝古民家のなかでスイーツを食べる〟という、不思議な感覚を覚えつつも、どこか落ち着き、また古民家とスイーツというギャップが写真映《ば》えしてSNS（ソーシャル・ネットワーキング・サービス）に投稿したくなる気分にもなった。写真映えとは、写真に撮った

「写ルンです シンプルエース」
写真提供：富士フイルム株式会社

際に、被写体の見栄えの良さが際立つということであるが、Instagram における写真投稿では「インスタ映え」ともいわれる。

また、商品や建物だけでなく、コンテンツとしてレトロを楽しむ動きもみられる。たとえば、大阪府立登美丘高校ダンス部により披露されたことで一躍有名となった、一九八〇年代バブル時代をイメージした「バブリーダンス」だ。バブル時代を知らない高校生が、バブルをテーマに本格的にダンスをし、特に YouTube 動画で配信されたことが流行のきっかけともなった。また、Instagram や TikTok など動画系ＳＮＳでは、一九八三年原曲で二〇一〇年に倖田來未《こうだくみ》によりカバーされた「め組のひと」の楽曲に合わせたダンスが若者のなかで話題になるという現象もみられた。

いずれも古いモノ・コトに対する事例であるが、従来の、その当時を経験した人々（主として中高年層）を対象としたレトロマーケティングとは異なる現象であり、若者のなかで当時のモノ・コトが意味転換されて価値化された事例といえるだろう。

懐かしさを感じることの効果と消費行動

古いモノやコトが価値化された事例をいくつか紹介したが、古いモノやコトに触れた際には、どのような感情が抱かれているのであろうか。

お店に行くと、新しい商品がズラリと並んでいることが多いが、ふとした瞬間にレトロ商品をみつけ、目を奪われることがあるのではないか。新商品や、最新技術を目にしたときの感情とおそらく違う感情、どこかホッとしたような温かい気持ちになっているかもしれない。

まして、今や成熟した市場が多いなか、世紀の大発明や画期的な新商品〝誕生!〟ということに遭遇することが少ないため、新商品に対しての特別な感情が生まれる場面が、そもそも少なくなっている(既存の技術を応用した、私たちが想像できる範囲内の新商品は多くあっても、ゼロからイチが生まれるような体験は少ない)。そんな現代だからこそ、商品に対して感情が動く場面は、むしろ時代に逆行した商品を目にしたときなのかもしれない。

古いモノやコトを目にしたときの主たる感情として「ノスタルジア感情」に注目し、まずは学術的視点からの研究を紹介していこう。

簡単にいってしまえば懐かしさ感情ということであるが、堀内（二〇〇七）はこれを「過去に思いを馳せるときに生じる肯定的感情経験全般」と定義している。

懐かしいという気持ちをより細かく理解するために、Hepper, Wildschut, Sedikides, Ritche, Yung, Hansen, Abakoumkin, Arikan, Cisek, Demassosso, Gebauer, Gerber, González, Kusumi, Misra, Rusu, Ryan, Stephan, Vingerhoets, & Zhou(2014)は、英国と日本の大学生を対象として「懐かしさということを考えたとき、どのようなことが頭に浮かびますか」という問いを与えたところ、「過去への憧れ」や「甘い感情、ほろ苦い感情」などに対して高い評定がされており、喜怒哀楽のような基礎感情に留まらない複合的な感情であることを示した。

では、このようなノスタルジア感情について、消費行動との関係という視点で捉えるとどうか。堀内（二〇〇七）は、ノスタルジア感情について消費者行動研究の枠組みで検討されるまでの流れとして、「消費の意味研究」と「快楽消費研究」を指摘している。

一九七〇年代では、消費者行動を問題解決行動や情報処理として説明する立場が主流であり、消費者は問題解決のための最適解を得るために、様々な商品情報を処理・統合していくという考え方に基づいていた。しかし、これでは説明しにくい消費者行動があるというアンチ・テーゼとしての見解が、Holbrook & Hirschman(1982)によって示された。それは選択・購買後の消費経験が大事だという考え方、特にスポーツ観戦、映画、音楽鑑賞などは、従来の情報処理に基づく消費者行動では説明しきれないということが主張された。消費経験を解明するためには、その商品が消費者にとってどのような意味をもつのかを明らかにする必要があり、また、消費経験を通じて得られる快楽感情について調べる必要があるという考えのもと、「消費の意味研究」と「快楽消費研究」が唱えられた。

これらのような消費者行動を捉える範囲の広がりに伴い、同じく消費者の感情に目を向けているノスタルジア研究も促進されることとなった（堀内二〇〇七）。合理的行動だけが消費の説明になるのではなく、ノスタルジアなどの感情も、消費と関わりのなかで捉えられるようになったということである。

松田・西井・杉森・楠見（二〇一二）の研究では、昔流行していたものを最近になって再び目にするという状況を実験的に操作し、ある刺激を集中的に提示した後、空白期間を設け、その後刺激に対する評定を行っている。その結果、ノスタルジア感情が生まれ、それがポジティブ感情となることから、その刺激に対する好意度が上昇することが確認された。これは、過去に流行ったものを、時を経てまた目にして懐かしむという、実際によく想定されるシーンを再現しているといえる。

ノスタルジアがもたらす機能についての研究も紹介をしよう。Sedikides, Wildschut, Gaertmer, Routledge, & Arndt(2008) では、ノスタルジアを感じることによって、「ポジティブ感情」「自己肯定感の維持・向上」「社会的絆の強化」「人生の意味付け」が得られると指摘している。また、Zhou, Sedikides, Wildschut, & Gao(2008) は、ノスタルジアは孤独感を低減させることを確認した。高い孤独感が喚起すると、他者から支えられていると感じるソーシャルサポートの知覚が低下するが、一方で、孤独感によりノスタルジア感情が誘発され、ノスタルジアを感じることによってソーシャルサポートの知覚が上昇し、結果的に孤独感が低減されると報告している。Wildschut, Sedikides, Arndt, & Routledge(2006) では、ノスタルジアを感じることで自尊心が高まることを示している。

感情を抱くというのは、付随的に他の機能にも影響を与えていくものであるが、ノスタルジア感情も同様なのである。すなわち、ノスタルジア感情を抱くことは、精神衛生にも寄与し、製品などに対しては好意的なポジティブ感情を喚起する機能があることから、消費行動の枠組みにおいても非常に重要な感情として位置づけられるものだといえよう。

ノスタルジア感情の分類　―〝経験したことのない〟ことでも、懐かしい―

ノスタルジア感情を抱くことの効果について紹介したが、ではその感情は、どのようなときに生じるのかについて考えていきたい。ノスタルジア感情は、喜怒哀楽のような基礎感情にとどまらない複合的な感情であると述べたが、一口にノスタルジアといっても、消費者行動研究の分野では様々に分類がされている。その分類について、一度ここで整理をしておこう。

まず、最も基本的分類といえるのが、Stern(1992)による二分類である。彼女は、広告においてのノスタルジアを分析することで、「個人的ノスタルジア（personal nostalgia)」と「歴史的ノスタルジア（historical nostalgia)」に分類した。前者は、個人的な出来事の記憶に基づき、自分自身の過去における心地よい部分から生じる懐古感情であり、後者は、記憶がないにも関わらず自分自身が生まれる以前の古き良き時代の歴史的物事や人物に対して生じる懐古感情を指す。歴史的ノスタルジアについては、自身がよく知らない人物や状況に対して、想像力をはたらかせることができるような広告表現にすることが必要であると指摘される。

また、その後Baker & Kennedy(1994)では三つに分類がされた。一つ目が「実体験ノスタルジア（real nostalgia）」で、過去に実際に経験したことに対する懐古感情から生じ、Stern(1992)でいうところの個人的ノスタルジアに相当する。二つ目が「疑似体験ノスタルジア（simulated nostalgia）」で、間接的に経験する過去に対する懐古感情であり、アンティークの所有などが該当する。三つ目が「集合的ノスタルジア（collective nostalgia）」で、文化や世代全体の表象となる懐古感情のことを指す。

他に、Havlena & Holak(1996)では、参加者に自身のノスタルジアを喚起させるようなコラージュを作成させるという調査手法を通して、ノスタルジアを「個人的ノスタルジア（personal nostalgia）」「対人的ノスタルジア（interpersonal nostalgia）」「文化的ノスタルジア（cultural nostalgia）」「疑似的ノスタルジア（virtual nostalgia）」の四つに分類した。個人的ノスタルジアは個人が直接経験したことが喚起されることによる懐古感情、対人的ノスタルジアは両親や年配者の経験談を通じて喚起される懐古感情、文化的ノスタルジアは個人の直接経験に加えて誰もが覚えているような共有されたシンボルに基づく懐古感情、疑似的ノスタルジアは文化の歴史に関わるものなど集団的な経験に基づく懐古感情である。水越（二〇〇七）は、この四分類を「直接体験－非直接体験」「個人的体験－集団的体験」の二軸によって図式化している。

このように、ノスタルジアの分類については研究者により視点が異なっているものの、水越（二〇〇七）による二軸の図式に当てはめると、図1－1のように整理される。そして、大きくは直接体験なのか非直接体験なのかという観点から、Stern(1992)の二分類（「個人的ノスタルジア」と「歴史的ノスタルジア」）に概ね内包されている。

　この二分類は、記憶の観点から捉えると違いが明確となる。個人的ノスタルジアは「エピソード記憶（自分自身に関する記憶）」に基づいて形成されるのに対し、歴史的ノスタルジアは歴史に関する「意味記憶（知識に関する記憶）」に基づいて形成される（牧野二〇一四、五一頁）。「エピソード記憶」とは、自分がいつどこで、誰と経験したかという出来事の記憶であり、自分自身の過去から現在までの自叙伝のような記憶があり、これを思い出すときには過去に戻って当時を再体験しているような感覚が起こるとされる。「意味記憶」は、日常の経験の中で長い年月にわたって獲得された知識を指し、自己と結びついた特定の出来事は思い出されない（楠見二〇一四、六一－七頁）。楠見（二

図1-1　ノスタルジアの分類

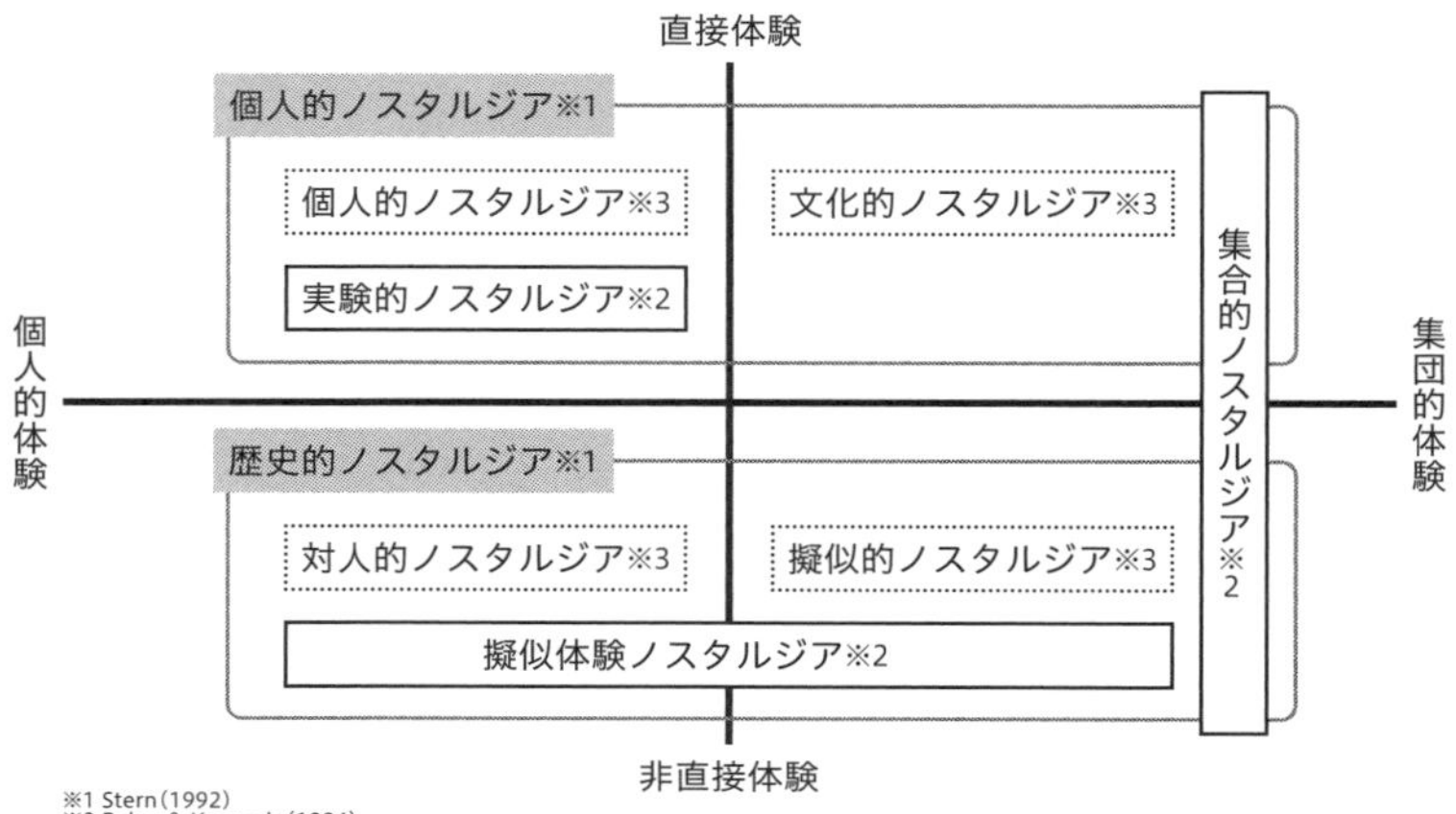

※1 Stern (1992)
※2 Baker & Kennedy (1994)
※3 Havlena & Holak (1996)

出所：水越（2007）21頁を一部修正のうえ筆者作成。

〇一四）は、「田舎の田園風景や大正・昭和初期や西部開拓時代の建物になつかしさを感じるときは、個人的経験ではなく、なつかしい風景や建物としての知識に基づいて、古き良きものへの憧れとしてのなつかしさを感じる」（七頁）と述べ、「私たちが育った文化の中で、なつかしいものとして、テレビや本を通して学習したものであり、同じ文化の人の中で共有されている社会・文化的記憶」（七頁）と述べている。すなわち、意味記憶は、「文化的、歴史的なつかしさを支えている」（七頁）のである。

このようなことを踏まえ、本書においても「個人的ノスタルジア」と「歴史的ノスタルジア」という二分類を採用し、近年のレトロブームを整理していく。

従来のレトロ商品ブームは、当時を経験した人々のなかでの事象であったが、近年では当時を経験していないはずの若者のなかでの事象がみられると先述した。自分が過去に経験していた思い出によって喚起する懐かしさ感情は、基本的には先の分類でいう「個人的ノスタルジア」に相当するが、若者の場合はどうであろうか。当時を経験しておらず、商品に対する思い出が無いはずの若者にレトロ商品がブームになっているのは奇異にみえるかもしれないが、もしなにかしらの懐かしさを感じているのであれば、それは図1－1における非直接体験である「歴史的ノスタルジア」に相当するであろう。これは経験したことのないモノやコトに対して、感情が揺れ動いているということであり、マーケティングにおける活用可能性を大きく秘めているといえるであろう。

「写ルンです」がマイナストレンドから再注目

本章冒頭にも少し触れたが、若者のレトロブームの代表格として、一九八六年に富士フイルム株式会社より発売されたレンズ付きフィルム「写ルンです」がある。本章ではこれに焦点を当て、古さの価値リノベーションを検討していきたい。

まず、発売当時から、現在に至る「写ルンです」の需要がどのように変化していったのか、富士フイルム株式会社より次のように話を伺うことができた。

発売当時は、カメラがまだまだ高級品であったため、手頃な値段（二十四枚撮り・千三百八十円）で、「いつでも、どこでも、誰でも、簡単に」写真が撮れることをコンセプトにフィルムにレンズを付けるという画期的発想で開発しました。以降、フラッシュの搭載やフィルム感度の向上により、撮影領域を拡大させたモデルや、パノラマや水中に対応したモデルなどを発売し、これまでに百種類以上の「写ルンです」を発売しています。

その後、デジタル化の波に押され、国内需要は減少が続いておりましたが、ここ数年は下げ止まりの傾向がみられます。

レンズ付フィルムの市場は縮小が続く状態に陥っていたのである。ここ数年は「写ルンです」の価値が再注目され、特に若年層を中心に注目されるようになった。Twitter や Instagram、Facebook といったＳＮＳにその写真が投稿されるケースも多くみられる。「写ルンです」の写真は現像することが基本であり、ＳＮＳに投稿する際にも写真店に行き、現像とデジタル変換の手続きを踏む手順が必要であるが、近年その手順を踏むことを苦とせず現像して、ＳＮＳに投稿して楽しむ方が特に若年層の間で増えている。

高機能のカメラは他に多く存在するし、手軽に撮れるスマートフォンもカメラ性能が益々上がってきている。あえて〝古い〟製品を選択するというメカニズムはどこにあるのか。それを検討するために、筆者は「写ルンです」で撮った写真をＳＮＳに投稿したことのある十〜二十代の若者に対してアンケート調査を実施した（古谷・田村・増田・田中・水師二〇一九）。次節からその結果を紹介していく。

「写ルンです」を〝懐かしい〟と感じる若者

古いモノ・コトに対する主たる感情としてノスタルジア感情について先に取り上げ、「写ルンです」の流行当時を知らない世代において、その感情があるとすれば、それは「歴史的ノスタルジア感情」に該当すると述べた。そこで、筆者はまず、歴史的ノスタルジア感情を測定するために、『写ルンです』で撮影した写真がSNS上にアップされているのをみると、あなたはどのような気持ちになりますか」という問いを投げかけた。測定項目は、Hepper et al(2014)による、懐かしさとの関連語を参考とし、「なんとなく昔に戻りたい気持ちになる」「どこかほろ苦く甘酸っぱい気持ちになる」「どこか懐かしい感じがする」など六項目を設け、それぞれ「とてもそう思う」〜「全くそう思わない」の五段階での評定を求めた。「どこか懐かしい感じがする」の回答をみると、「とてもそう思う」「ややそう思う」と回答した人が約七割と多数を占めており、その理由を聞くと、以下のような記述回答がみられた。

〝デジタルカメラやケータイのカメラと違って失敗した写真も画像になってしまう。それが

面白い。今はケータイにたくさん入っていて変な写真などない！　のちのち見るとつまんないと思う〃（女性二十六歳）

〃現代は加工などのレベルが上がりすぎて実物と全然違ってしまったりしていて、やりすぎだなと思うから〃（女性二十二歳）

〃今の時代はすごく綺麗な写真が携帯で撮れるようになっているので、「写ルンです」のような昔からあるものを使うことによって一味違う写真になるから、写真を見たときに普通の写真と感じるものが違う〃（女性十七歳）

〃最新アプリでは出せないフィルターの味がよい〃（女性十八歳）

〃現像した写真が、夢に出てくるような雰囲気の写真だから〃（女性十五歳）

〃時代の進歩する速度が速すぎて、昔にタイムスリップしたいと思うことがあるから〃（男性十八歳）

「写ルンです」は、デジカメ、スマホと同じく「写真を撮る」という機能であっても、デジタルデバイスでの撮影とは異なる、フィルム独特の風合いや、色再現を過度に強調しない仕上がり、また、意図せず面白い写真が撮れていたなど、今となってはそれが差別化要因として捉えられる。そして、それが若者に支持されているのであろう。

堀内（二〇〇七）は、ノスタルジアを感じやすい刺激パターンとして、写真をセピア色にする、モノクロにする、夕日を強調する等があり、現在と過去の対比を意識させるような共通の法則が背後に一つ存在しているのだろうと指摘するが、「写ルンです」で撮った写真は、〝夢に出てくるような雰囲気の写真〟という回答もあるように、フィルム独特の風合いが、ノスタルジアを感じやすい刺激パターンと似通っているのであろう。富士フイルム株式会社からは、ノスタルジア感情を抱くということについて、次のような見解をいただいた。

スマートフォンやデジカメで撮影した写真は、はっきりとした色味の仕上がりになるが、「写ルンです」は、フィルム独特の柔らかい色味に仕上がるため、その色合いにノスタルジーを感じていただいているのではないでしょうか。

また、写真を撮るにあたって、スマートフォンといった高性能で簡便であることが主流になっているなかにおける「写ルンです」の商品立ち位置としては、「フィルム独特の風合いが感じられる写真に仕上げることができ、デジカメやスマホとは異なる表現を可能にするツールとして使用される」と捉えているとのお考えをいただいた。

「写ルンです」で撮った写真は、デジカメやスマートフォンで撮った写真と比較すると、少し色《いろ》褪《あ》せたような風合いが古さを感じさせ、なんとなくその場に行ったことがあるような感覚になるかもしれない。「写ルンです」を使ったことがない若者でもその感情を抱いているのだ。また、その写真をＳＮＳに投稿するという行為が多くみられるが、ＳＮＳ上というデジタル化された状態で、画素数の高い綺麗な写真と混ざったなかで投稿されていることにより、新旧対比が適えられており、より懐かしさを感じやすくなっているともいえる。

デジタル技術がますます進化していく現代、若者にとって高画質で綺麗な写真が撮影できることは当たり前となっている。また、スマートフォン上では、写真アプリも充実しており、自分の思いどおりの加工もしやすくなった。少し前には写真アプリ「ＳＮＯＷ」が若者のなかで流行ったが、様々な加工のフィルターがあり、肌はツヤツヤになり、目はパッチリとする。可愛い系にも、キレイ系にも、カッコイイ系にも、写真アプリを通じて自分のなりたい姿に近づくことができる。これは、理想の自分を映し出していくということかもしれないが、〝加工のレベルが上がりすぎてやりすぎだと思う〟といった回答もみられたように、現実と異なることへの違和感や、自身や対象物を良く魅せるためにあれこれすることへの疑問が姿をみせてきたといえよう。

「写ルンです」を〝新しい〟と感じる若者

先ほど、「写ルンです」で撮影される写真は〝懐かしい〟という感情を喚起していると説明をした。次に、「写ルンです」は〝新しい〟ということを検討してみよう。頭に「？」が浮かぶかもしれないが、ここでいう〝新しい〟は、そのもの自体が新製品・最新技術ということではなく、〝手段としての新しさ〟である。「写ルンです」でSNSにアップする写真を撮るということを考えたとき、その目的を達成するための手段として「写ルンです」が選択されている。

消費者行動の研究領域では、消費者の認知プロセスの一つとして、カテゴリー化理論が唱えられている。これは、消費者が自分のもっている知識を用いて、対象を識別するための手段を指す。そのなかでも、Barsalou(1983)は「目的志向カテゴリー」を提唱している。これは、例えば「ガレージセールで売るもの」など、ある目的によって構築されるカテゴリーであり、このようなカテゴリー化によって、不要な物を売るという目的を達成するのに役立つと指摘している。

今回の場合、「SNSに投稿する写真を撮る」という目的志向カテゴリーを考えると、現代は手軽なスマートフォンが中心となっており、それと比較して機能性の観点からも「写ルンです」

は当てはまりにくく、「写ルンです」は「ＳＮＳに投稿する写真を撮る」というカテゴリーにおいて新奇性が高いと捉えることができる。

こうしたことを踏まえ、筆者はアンケート調査にて、「ＳＮＳにアップする写真を撮るために「写ルンです」を使うことについて、あなたはどのように感じますか」という問いに対し、「新鮮な感じがする」「特別な感じがする」「意外性がある」など六項目を測定した。また、アンケートの自由回答では次のようなコメントもみられた。

〝今現在、アプリなどがたくさんあり、スマートフォンで撮る人が多いから新鮮に感じる〟（女性 二十歳）

〝懐かしい感じと、逆に新しい感じがある〟（女性 二十七歳）

〝スマートフォンで簡単に写真が撮れる世の中なのに、お金を出して「写ルンです」で写真を撮るという行動が、最新技術に頼るだけではないということを意識できて、いいなと思う〟（女性 十八歳）

〝今は加工など携帯に保存など簡単にできて、「写ルンです」は現像しないと見られないのでどんな風に撮れているかとか分からないからいいと思う〟（女性 十九歳）

写真を撮る手段として主流となっているスマートフォンと比較したコメントが目立つ。「写ルンです」は最新機能を搭載しているわけではなく、写真を撮るだけのシンプルな機能の商品だが、十代二十代の若者からは〝最新ではないが新鮮な機能〟と捉えられており、必ずしも「負」の要素とはなっていないことが窺《うかが》える。富士フイルム株式会社からは、「写ルンです」の新奇性について、次のような見解をいただいた。

撮影条件によって発生する「ピンぼけ、ブレた画像」なども、撮影後すぐに画像確認ができるスマートフォンとは異なるポイントとして、かえって面白いと感じていただいているようです。そのような体験ができる点も新しさを感じていただいているのかもしれません。

新しい製品は、その多くが従来よりも高機能で効率的な製品として開発が進められる。しかし、デジタル社会に浸かり、少しの変化では新しい技術に対する感動を感じにくくなっている現代においては、〝古い〟機能が逆に新鮮に映っているのであろう。

〝懐かしい〟と〝新しい〟が「写ルンです」の利用意図に至るプロセス

若者のなかで「写ルンです」がブームとなったキーとして、「歴史的ノスタルジア感情」と「新奇性」という二要因を検討した。これらを起点として、「写ルンです」の利用に至る心理的プロセスを紐解いていこう（古谷他二〇一九）。

歴史的ノスタルジア感情、新奇性を起点とし、「写ルンです」を使用することによって生じる様々な体験価値を媒介し、「写ルンです」に対する態度（好意度）に影響していると仮定をしたモデルが図1－2であり、パス図と呼ばれるものである。このモデルでは「実行負荷」という要素も加えているが、「写ルンです」はデジカメやスマートフォンと比べて機能が少ないということに鑑み、「写ルンです」で撮った写真をSNSにアップする行為に対して、手間がかかるなどの負荷の感覚がどのように影響するのかを検討した。パス図の中央に位置しているのは「感情的価値」と「象徴的価値」である。これは、「写ルンです」使用者がどのような体験価値を得ているのかという視点であり、感情的価値は「楽しさ」など瞬間的に発生する快楽感情を指し、象徴的価値は「自己表現」など自分にとっての意味づけである。

堀内（二〇〇七）によるノスタルジア感情が消費行動の枠組みで検討される流れを先述したが、合理性だけが消費の理由ではないということを想定している。「写ルンです」は画素数も低く、写真を確認するのにも時間がかかり、とても合理的とはいえない。合理性以外の側面が価値として認識されているからこそ、製品への好意度や利用意図が生まれていると考えられる。

これらの関係性を理解するために、共分散構造分析という分析手法を用い、その結果を図1－2のパス図で表している。共分散構造分析は、観測データの背後にある様々な要因の因果関係を分析する統計手法であるが、今回のノスタルジア感情や新奇性のように数値として直接観測できない概念も含まれ（構成概念）、楕円で囲んでいるものが該当する。関係性という部分に

図1-2　「写ルンです」利用意図までのパス図

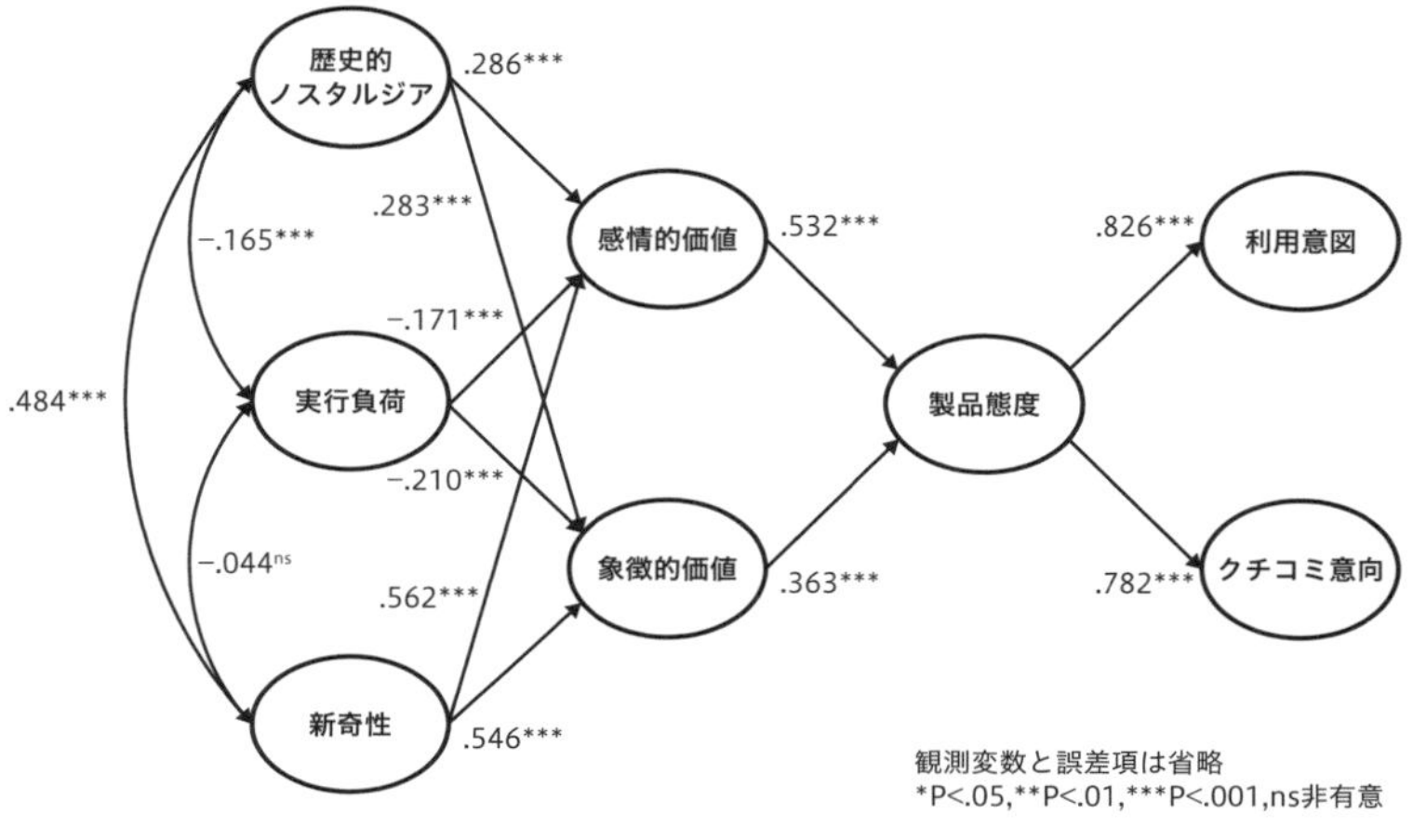

出所：古谷・田村・増田・田中・水師（2019）15頁。

おいては矢印で表している。片方向の矢印は説明・予測の関係を表しており、矢印上の数値は関係性の大きさを示し、パス係数と呼ばれる。双方向の矢印は相関関係（一方の値が変化すれば、他方の値も変化する関係性）を表しており、数値はその大きさを示し、相関係数と呼ばれる（小松二〇一七、二頁）。プラスとマイナスの符号については、影響の方向性を示し、プラスであれば「一方が高まれば、もう一方も高まる」といった同方向、マイナスであれば「一方が高まれば、もう一方は低くなる」といった逆方向の関係であることを示す。

このモデルの結果であるが、まず「歴史的ノスタルジア」は感情的価値と象徴的価値にプラスの影響を与えているということを示している。つまり、「写ルンです」で撮影した写真に対して、懐かしさを感じる人ほどそれをSNSに投稿することが楽しいと思ったり（感情的価値の高まり）、自分らしさを表現できると感じたり（象徴的価値の高まり）していることを意味している。ここで改めて強調しておきたいことは、「写ルンです」が流行していた当時を知らない若者を対象とし、また当時は無かったSNS上での写真の見え方を対象とした、個人的な過去の経験に依らない歴史的ノスタルジアを起点に体験価値が発生しているということである。

続いて、「新奇性」についても同様に感情的価値と象徴的価値にプラスの影響を与えていることが示されている。すなわち、SNSに投稿する写真を撮る手段として「写ルンです」を使用することの目新しさを感じる人は、普段と違った楽しさを味わっており、また、一般的ではない手法を用いることで他の人との違いの演出や自己表現につながっているといえる。

「実行負荷」の認識は、感情的価値と象徴的価値にマイナスの影響を及ぼしていた。この結果は、「写ルンです」で撮った写真をSNSに投稿する行為に、単に「面倒だ」「労力がかかる」などといった負荷の感覚をもつ人ほど、この行為に対する感情的価値や象徴的価値を下げてしまうということを意味している。

また、感情的価値および象徴的価値から製品態度への影響はプラスにはたらいており、その先の利用意図やクチコミ意向につながっている。これは、感情的価値や象徴的価値が高まれば（楽しいと思ったり、自分らしさを表現できると感じれば）、「写ルンです」に対する好意的な態度が形成され、それにより「写ルンです」を今後も使用したいと思ったり、良い商品であるということをクチコミしたりするようになるということを意味している。

以上をまとめると、単純に実行負荷が高い（すなわち、単に機能性が劣る）商品というだけでは利用意図まで至らないが、このような商品であっても、歴史的ノスタルジアと新奇性の二つを喚起できれば、醸成される体験価値を通して、製品態度、利用意図、クチコミ意向を向上させることが可能であるということだ。

また、歴史的ノスタルジアと新奇性が体験価値に与える影響度を比較すると、新奇性の方が大きくなっている。つまり、SNSに投稿するための写真を撮るにあたっては、普段はスマートフォン等で簡便に行っているなかで、「写ルンです」を使用することの目新しさが、特に体験価値を創出しやすいことが示された。

歴史的ノスタルジアと新奇性の両者でプラスの相関関係もみられている。これは、写真に対する懐かしさを強く感じれば感じるほど、その写真をSNSに投稿することに対して目新しさも感じるということを意味している。ノスタルジアと新奇性は相反するようにもみえるが、写真に対して古さを感じれば感じるほど、ギャップがあるがゆえに、それがSNSという現代の使用方法にマッチしたときに新鮮さを強く喚起しやすいと捉えられる。

「新奇性」と「親近性（懐かしさを含む）」ということについて、心理学者の廣中直行氏はニューロマーケティング（脳科学の知見を商品開発やマーケティングに活かしていくこと）の観点から検討している。脳において、新奇性と親近性を検出する神経回路は別にあるという。両方が重なり合うのは前頭葉と頭頂葉がつくる「前頭‐頭頂ネットワーク」という神経回路であり、このネットワークが人の好みとどのように関係しているかは明確にはまだ分かっていないという。しかし、「新奇性」と「親近性」という両者のバランスがちょうど良く混じり合ったところで「好き」という感情が頂点に達すると主張している（廣中二〇一八、六七‐六八頁）。ニューロマーケティングの領域からみても、「写ルンです」は若者にとって、新奇性と懐かしさ（歴史的ノスタルジア感情）の両者のバランスが取れていたからこそ、製品好感度が上がってブームになったといえるであろう。

新奇性と歴史的ノスタルジア感情を起点として「写ルンです」の利用意図までのプロセスが描かれたが、個人差要因についても考慮した検討を行っている（古谷他二〇一九）。まず、図1－2のプロセスが、〝ノスタルジアの感じやすさ〟という個人差によって異なるのかという点については違いがみられず、普遍的であるという結果となった。

次に「写ルンです」で撮影した写真をSNSに投稿した経験量の違い、すなわち、たくさん「写ルンです」の写真をSNSに投稿したことのある人と、まだ投稿量が少ない人とを比較したところ、図1－2の中央部にある感情的価値および象徴的価値から、製品態度への影響力に違いがみられた。感情的価値から製品態度への影響力は経験量が浅い人の方が大きく、逆に象徴的価値から製品態度への影響力は経験量が多い人の方が大きくなっている。これは、両者で利用目的が異なっていることの表れと捉えられる。つまり、投稿経験が浅い初期段階は「楽しい、ワクワクする」といった好奇心や一時の快楽感情を満たすために利用しているが、投稿経験が増えてくると「自分らしさの表現」といった深い内面や他者への見え方に価値を置くようになっているといえる。このことから、例えばプロモーション施策を講じる場合を考えたとき、ターゲットによって訴求内容を変化させることが望ましいといえ、初期利用者には「感情的価値」を、経験量が多い利用者には「象徴的価値」を感じさせるような訴求をすることが必要と考えられる。

「写ルンです」価値リノベーションへの取り組み

「写ルンです」を対象に、当時の経験がなくても〝古さ〟をきっかけとして利用意図が高まっていく心理的構造を示した。しかし、価値リノベーションは、序章に示したモデルのように、ユーザーとの相互作用によって段々と強固になっていくものである。

「写ルンです」は継続的な販売減少状態となっていたが、SNSにその写真を投稿するという楽しみ方が若者のなかでみられるようになってきていた。この現象は富士フイルム側が仕掛けたことではなく、ユーザーのなかから広まっていったことである。SNS上では「#写ルンです」のようにハッシュタグを付けた投稿も目立ち、富士フイルムはその現象を把握する。ユーザーの価値認識の変化の兆しを受けて講じた対応策について、富士フイルムに話を伺ったところ、次のような回答をいただいた。

「写ルンです」に限らず、スマホからのプリント需要の喚起を含め、スマホ世代への新しい写真の楽しみ方を提案していきたいと考え取り組んできました。施策の一つとして、二〇一四年に原宿に日本で唯一の直営写真店「WONDER PHOTO SHOP」をオープンさせ、若年層が関心を寄せるプリント製品のリサーチや、開発中の新製品のテストマーケティングの場として活用しています。若年層のリアルな声を集めるため、店舗の場所も原宿という若年層が集まる場所を選んでいます。

さらに、若年層における「写ルンです」の人気再燃を受け、それをドライブするための施策について富士フイルムより次のように紹介をいただいた。

若年層をターゲットとして、「写ルンです Life」というウェブサイトをオープンさせました。また、店頭POPや「写ルンです」の使い方を分かりやすくまとめた冊子などを作成・展開しました。また、「写ルンです」で撮影した写真をSNSなどに投稿する方に向けて、撮影した画像を簡単にスマホにダウンロードできるサービスを二〇一七年から新たに開始させました（「写ルンです」を現像して画像データに変換し、専用サイトに保管するサービス「フィルム現像データダウンロードサービス」）。

続けて「写ルンです Life」のウェブサイト作成にあたって、富士フイルムは次のように説明をしてくださった。

「写ルンです」をご存知の方はもちろんですが、はじめて「写ルンです」を使う初心者の方を意識してサイトづくりを行いました。「写ルンです」を使った基本的な撮影の仕方などの紹介もしています。また、ＳＮＳに「写ルンです」で投稿するユーザーを想定して、データでの受け取り方法などもご紹介。「写ルンです」での写真データを使ったフォトブックやシャッフルプリントなどのフォトグッズもご提案し、写真の楽しみ方の拡大を積極的にご提案するサイトとしてオープンさせました。

このような取り組みを通じ、簡単に何枚も写真撮影ができるスマートフォンとのすみ分けを多くのユーザーに感じてもらうことができ、「写ルンです」の価値認識がリノベーションされ続けるのである。二〇一八年には、富士フイルムイメージングシステムズ株式会社より「写ルンです」のパッケージリニューアルのニュースリリースが発行された。それによると、「人気の高い『写ルンです』初代モデルデザインをベースに、レトロ感と高級感のあるデザインに変更」とある。この意図について伺ったところ、次のように説明をしてくださった。

デジカメやスマホ全盛の時代にアナログのレトロ感を楽しんでいただきたいと考え、また、発売当初からご愛顧いただいているお客様に再び手に取って楽しんでいただきたいと考え、デザインをリニューアルしました。

あえて昔のデザインを採用したことで、よりノスタルジア感情を喚起しやすくなり、若者が反応しやすいデザインになったと考えられる。若者が反応するのは、より新しいデザインだけというわけではないのである。また、当時のお客様に再び手に取ってもらうという点に関しては、これまでのレトロマーケティング同様であるが、個人の経験に基づく個人的ノスタルジア感情喚起によって期待ができる。

価値リノベーションは、事業者サイドが仕掛けていくことが起点となることもあれば、今回のようにユーザーサイドから始まることもある。とりわけ、若者からは流行の発信地となりやすく、ユーザーサイドからの価値リノベーションが起こりやすい。しかし、流行のスピードや入れ替わりも早いため、それを素早く察知・活用してドライブをかけていくための手立てを事業者サイドが仕掛けていき、ユーザーとの共創を通じて価値リノベーションを強固にしていくことが求められる。

デジタル社会に生きる現代人だからこそ感じる古さの魅力

ここまで、古さが価値化されることについて、特に近年の特徴である若者におけるレトロブームに着目し「写ルンです」を主な対象として取り上げた。歴史的ノスタルジア感情という、当時の個人的経験がなくても感じられる懐かしさということが一つのキーとなっていた。若者における懐かしさによる好意度形成は、現代だからこそ、より喚起しやすくなってきているのではないかと筆者は考えている。

日本でレトロというと、古き良き時代として、昭和三十年代が象徴的に描かれることが多い。昭和の世界を再現した邦画「ＡＬＷＡＹＳ 三丁目の夕日」がそれを象徴的に描く。あの頃は良かったという話を耳にすることもあり、活気や人の温かさをじんわりと感じるのではないか。その後続く高度経済成長期も、今からするとそんな時代があったのかと感じられ、市場が停滞してきている現代とはその様相がまるで異なる。社会全体が前へ前へと進んでいこうとする時代であった。そんな時代において、逆行する古い商品に対する心の動き、ときめきはあったのであろうか。もちろん、思い出の品など個人的ノスタルジアを感じる場面は大いにあっただろうが、本書で取り上げた若者のレトロブームのような現象はあまり見受けられず、技術の進歩による〝新しい〟ことへの感動の方が大きかったと思われる。市場が停滞し、「負」が常態化している現代だからこそ、昔が美化されて描かれやすく、古き良き時代としての憧れをもつのかもしれない。

また、現代はスマートフォンの所有が当たり前となり、情報過多社会ともいわれるようになっている。総務省情報通信政策研究所（二〇一九）によれば、モバイル機器によるインターネット利用時間は継続的に増加しており、特に十～二十代が突出して長いと指摘され、十代の休日における平均利用時間は実に四時間を超えている。もはやモバイル機器なしでは生きられない状態になってきているといっても過言ではなく、スマートフォン依存症が問題とされることもしばしばある。

デジタル技術が発達するにつれて、便利で豊かな社会が作られてきたことは事実である。しかしながら、その反面で最近では目まぐるしさを感じるようになった人もいるかもしれない。先に紹介した「写ルンです」への懐かしさ感情に対するアンケート回答のなかで、〝現代は加工などのレベルが上がりすぎて実物と全然違っていて、やりすぎだなと思う〟〝時代の進歩する速度が速すぎて、昔にタイムスリップしたいと思うことがある〟といった内容もみられたが、若者のなかには、現代社会に対するある種の「疲れ」のようなものを感じはじめた人もいるようである。

そのとき求められる癒しの一つとして、ノスタルジア感情が位置づけられているのかもしれない。先に述べたように、ノスタルジア感情は自己肯定感を高めたり、孤独感を低減させたりとメンタルヘルスを維持するうえでも重要な役割を担っており、デジタル社会におけるバランスを取るにあたり、新しさだけでなく、懐かしいと思える点があるモノ・コトについて、好感度が上がっているとも考えられるのではなかろうか。

古さが価値に変わる五つの要素

さて、本章のこれまでの事例に基づき、「古さ」を価値化するための五つの要素をまとめておこう。五つの要素とは、（一）個人的ノスタルジアにはたらきかける、（二）歴史的ノスタルジアにはたらきかける、（三）古さと新奇性をミックスする、（四）感情的な価値を提供する、（五）象徴的な価値を提供する、である。

（一）個人的ノスタルジアにはたらきかける

「古い」ということは、その当時を映し出しているのであるから、当時を経験していた人に対しては個人的な思い出を呼び起こす強い力がある。これは従来しばしば行われてきているレトロマーケティングの手法であるが、懐かしさに訴えかけると商品への好意度が上がり消費意欲が刺激されるのである。ただ、古い商品というのは往々にして機能的に不便であることが多く、場合によっては現代に合わせて一部機能を変えていくという必要性も出てくる（不便であることが価値になることもあり、これは次章で詳しく取り上げる）。

たとえば、冒頭にいくつかレトロ商品の事例を挙げたが、一九八三年に任天堂株式会社から発売された家庭用ゲーム機「ファミリーコンピュータ（ファミコン）」の復刻版である「ニンテンドークラシックミニ　ファミリーコンピュータ」は、そもそもサイズが半分ほどになりもち運びやすくなっている。また、ゲーム画面は昔のアナログテレビのような表示を再現するモードに加え、現代のテレビに最適化したくっきりした見た目でプレイできるモードも用意しており、テレビとの接続方法も当時より簡便化されている（任天堂ファミコン紹介ウェブサイト）。

このように、個人的ノスタルジアを感じてもらうために障壁となるようなことは取り除いておくことが必要だ。その際、個人的ノスタルジアを感じるポイントを見誤ると、古いまま残しておくべきところに手を加えてしまい意味がなくなってしまう。この場合であれば、強く個人的ノスタルジアを感じるポイントはゲームコンテンツ自体であり、そこにたどり着くまでの接続方法やもち運びやすさという点は現代に適応することで、コンテンツを楽しむハードルを低くしている。個人的ノスタルジアにはたらきかける際であっても、現代への適応とバランスを意識することが必要といえよう。

（二）歴史的ノスタルジアにはたらきかける

懐かしさは、必ずしも当時を経験していなくても感じられる場合があり、それを歴史的ノスタルジアと呼んだ。本章では特にこの部分にフォーカスしたが、このことを知っていれば、古さを活かそうと考えたときのターゲットが広がる。すなわち、（一）の当時を経験していた者以外にも、当時を経験していない若年層までターゲットとして訴求することを検討できるようになるのである。本章で紹介した若者における「写ルンです」での事例にあるように、歴史的ノスタルジア感情においても、製品への好意度や利用意図に対して有効にはたらくということが示され、これはマーケティング上、使い勝手が良いことといえるだろう。

先述しているが、歴史的ノスタルジアは歴史に関する「意味記憶（知識に関する記憶）」に基づいて形成される（牧野二〇一四、五一頁）。たとえば、田舎の田園風景や大正・昭和時代の建物への懐かしさ感情は、テレビや本を通して懐かしいものとして学習され、意味記憶として形成されているのである（楠見二〇一四、七頁）。

本章で主に扱った「写ルンです」の写真は、フィルム独特の柔らかい色味がノスタルジア感情を喚起していると考えられたが、それも、個人的経験は無いものの昔の映像はそのようだったという意味記憶によって支えられていたと考えられる。こうしたことを踏まえて、古い自社商品を、当時を経験していない人に対しアプローチする際には、歴史的ノスタルジアの要素を訴求したり、歴史的ノスタルジアを感じる要素を追加したりといった工夫が求められるであろう。

（三）古さと新奇性をミックスする

当時を経験していない人に対して「古さ」を訴求するにあたり、（二）の歴史的ノスタルジア感情喚起によって好意度形成が図れるが、「新奇性」も合わせて提供することが必要といえよう。そして、この新奇性は目的志向カテゴリーにおける新奇性であり、「普通だったら〇〇を使うが、古いモノを現代の使用方法に適応させるとこのようになるのか」といった目新しさである。

本章で扱った「写ルンです」では、「SNSに投稿する写真を撮る」という目的において新奇性が高いことが体験価値創出につながっていた。ターゲットとしたい消費者と親和性の高い行動(今回はSNS)のなかで新奇性が示せると、注目を受けやすいだろう。冒頭に示した若者のなかで流行っているレトロ事例について、この文脈で解釈してみる。

まず「古民家カフェ」は、古民家というノスタルジア感情が喚起する古さを活かしながらも、店内ではパンケーキなどのスイーツを提供している。若者のなかで、パンケーキやカフェ巡りというのはとても人気が高い行動である。その行動を、古民家のなかで行うということに新しさがあるのである。そしてそれがSNS映え(インスタ映え)するとしたら、さらに若者の行動との親和性が高く、古民家という要素の新奇性をより際立てることができているのである。

大阪府立登美丘高校ダンス部による、バブル時代をイメージした「バブリーダンス」については、YouTube動画で配信されたことが流行のきっかけともなった。「ダンス」や「YouTube動画」という今の若者と親和性の高い体験により示されていることで、そこにバブル時代という古さをもってくることの新奇性感情がはたらきやすくなっている。

また、一九八三年原曲「め組のひと」の楽曲に合わせたダンスが若者のなかで話題になるという現象については、TikTokやInstagramなど動画系ＳＮＳへの投稿が目立った。これも、若者と親和性の高いツールにおいて利用されることで新奇性が得られたといえよう。

単なる昔の楽曲をそのまま聴くだけでは、単に「昔の歌が流れているな」で終わってしまい、当時のバブルダンスの映像をみるだけでは、「昔は派手だったんだな」で終わってしまい、古民家カフェも、単に古民家だけであれば「古い家があるな」というだけで終わってしまうのである。そこに、「ちょっと良いな」と感じる歴史的ノスタルジア感情はあれど、利用意図に至るほどの強固な感情にはなっていないであろう。古谷他（二〇一九）の調査のなかで、歴史的ノスタルジア感情と新奇性にはプラスの相関がみられる（懐かしさを感じれば感じるほど、新しさも感じる）ことも示されたが、新奇性があることで、歴史的ノスタルジア感情もより強くはたらきやすくなる。懐かしさと新しさの二つの要素を押さえ、バランスを取るということが重要なのである。

（四）感情的な価値を提供する

ノスタルジア感情や新奇性といった要素を押さえたうえで、どのような体験価値を提供するのかということを忘れないようにすることが肝要である。「写ルンです」の事例において、感情的な価値とは「楽しさ」など瞬間的に発生する快楽感情を指したが、普段と異なる古いモノを使うことによってそれが実現されていた。古さは、合理性だけの消費行動では選択されない不利な状態にある。合理性だけで判断されるのであれば、最新技術を搭載した新しいものが選択されるだろう。合理性以外の感情的側面に対し、アプローチしていくことが必要である。

富士フイルムの取り組みでは、スマホ世代への新しい写真の楽しみ方を提案することに注力されていた。それは、綺麗な写真が簡単に撮影可能という写真単体の合理性ではなく、写真にまつわる周辺の体験価値にフォーカスをしているといえ、写真をどのように撮るか、撮った写真をどのように使うかといった範囲を広げて捉えている。このように、そのもの自体だけに注目するのではなく、前後のプロセスなどにも目を向けていくことで、感情的価値に成り得るポイントがみえてくるのではなかろうか。

（五）象徴的な価値を提供する

（四）と同様に、ユーザーにどのような体験価値を提供するのかという視点から、快楽感情以外にも、「自己表現」など自分にとっての意味づけとしての象徴的価値も有効である。古いものは、一般的に使用されるものと異なるという点で、一味違った差別化を図ることができるであろう。

本章における「写ルンです」の事例では、SNSへの投稿経験量によって製品好意度につながりやすい体感価値に違いがみられていた。具体的には、SNSへの投稿経験が浅い初期段階は「楽しい、ワクワクする」といった快楽感情を満たすために利用される傾向があったが、投稿経験が増えてくると「自分らしさの表現」といった深い内面や他者への見え方に価値を置くようになっていた。このように、ターゲットの状況によって、提供すべきポイントは異なるため、訴求するメッセージも変えていくことが望ましいだろう。
これを見定めていくためには、ユーザー理解が欠かせない。価値リノベーションは事業者からの一方通行のものではなく、ユーザーとの相互作用のなかで互いの価値認識がアップデートされていくことで達成されていく。このことを念頭に置き、現在のユーザーの状況を把握し、ユーザーにどのような認識をもたれているのかに目を向けることで、適切な体験価値を見定めていくことが必要といえよう。

「古さ」だけを切り出すと、現在は目新しいものではなくなった状態と思われる。しかし、当時はキラキラと輝いていたものであり、多かれ少なかれ人々の思い出となっている大切な資産である。そして、歴史的ノスタルジアや新奇性といったポイントを押さえることによって、当時を経験した大人たち以外にも、若年層などの新規顧客を獲得していく力を秘めている。新技術や新商品の開発といった大きな投資が困難な状況において、いまある古い資産を活用することで、顧客獲得を広げることができるということは、大きな投資予算が望めない者にとっての希望ともなるであろう。

最後に、「古さ」を活かし、他企業よりも少ない投資規模で再起に挑む「西武園ゆうえんち」のリニューアルへの取り組みについて簡単に紹介をして終わりにしよう。

西武園ゆうえんちは埼玉県所沢市にある遊園地で、二〇二〇年で開業七十年を迎える。酒井(二〇二〇)によれば、一九八八年度には一九四万人もの年間来場者数を記録したが、二〇一八年度には四九万人と、年間来場者数がピーク時の四分の一になっていたようだ。そこで、ユニバーサル・スタジオ・ジャパン(USJ)再建の立役者でもある森岡毅氏と手を組み、再生に向けたリニューアルに取り組むこととなった。リニューアルのベースにしたのは、右肩上がりで経済成長を続けていた一九六〇年代の日本である(『日経クロストレンド』二〇二〇年一月二十四日付)。森岡氏は以下のように語っている。

「多くの人が前向きで希望に満ち、人間関係が情緒でつながっていて、おせっかいなほど親切な人であふれていたあの頃を、大切な人と一緒に体験していただく。そうすることで、帰るときに『幸せだなあ』と思ってもらえる、幸せの発生装置をつくりたい」

「『1960年代を舞台に、幸せに包まれた』と言うと、年配の方向けかと思われるかもしれないが、そうではない。調査した結果、実はそういう世界に一番魅力を感じて、最も来場意向が強かったのは、10~20代の若者だった。これが我々の最大のターゲットだ」

(『日経クロストレンド』二〇二〇年一月二十四日付)

若者は古き良き時代としての憧れを抱いており、また懐かしさ以外にもその年代を非常に斬新だと感じる。ディズニーランドのように何千億円もかけて所沢を造り変えるような挑戦は現段階では難しいからこそ、今ある要素で勝負をすることにし、それが古さを逆手に取るという戦略だったという。また、森岡氏は次のようにも語っている。

「テーマパークはTDRやUSJばかりではないし、それだけではいけないと思っている。西武園ゆうえんちが、持続可能な事業によみがえれば、多くの同業施設にも非常に勇気を与える。この意義は大きい。このプロジェクトは簡単ではないが、日本の社会全体にとって非常に意義のある、足跡を残せるプロジェクトだと私は信じている」

（『日経クロストレンド』二〇二〇年一月二十四日付）

「古さ」を「注目度が下がった埋もれたモノ」としてそのまま終わらせてしまうのは非常にもったいない。ゼロからの新規開発では得られない価値がそこには眠っているのである。森岡氏の言葉にあるように、古さを逆手に取る戦略は持続可能な事業につながる。自社で保有している眠ったままの資産を掘り起こしてみると、そこには再起の道のヒントがあるかもしれない。

第二章
無駄が価値になる

～「不便」「手間」を楽しむ消費行動と
小田急による観光地
「箱根」再生を事例として

無駄だったと思えるのは我々の勝手な判断なのであって、もし神というものがあるならば、神はその無駄と見えるものに、実は我々の人生のために役に立つ何かをかくしているのであり、それは無駄どころか、貴重なものを秘めているような気がする。

遠藤周作『狐狸庵人生論』河出文庫（二〇〇九）、一五頁

「無駄」の無い時代に　―便利が「無駄」な行為を生む―

普段、私たちは「無駄」という言葉をポジティブな場面ではあまり使っていないと思われる。そして、「無駄」をネガティブに感じる場面は大きく二つのパターンがある。

一つは、「わざわざ来たのに無駄だった」「こんなに勉強したのに無駄だった」「こんなにお金を掛けたのに無駄だった」といった経済的・時間的・肉体的・思考的な労力（コスト）に対して、結果が全く出なかったときに使われているケースがある。

もう一つは、「わざわざ、そんなことをしなくてもできたのに」「こんな簡単なやり方があったのに」といった最小の労力で達成できる方法があるにも関わらず、それを知らずに遠回りをしてしまったときに感じるケースである。

もっとも「無駄」を感じるときは、最小の労力での方が好ましい結果がでる場合であろう。その場合は、まさに「がっかり」である。極端な例でいうと、木の板で多大な時間と体力を使って洗濯していた人が、高性能なドラム式洗濯機の存在に気づいたときには、「今までなんて無駄なことをしていたのだ」と思うことだろう。思い起こすと、技術の進歩によって便利な道具が開発されるたびにそこに掛けていた労力は省かれ、「無駄」とされる行為が生まれてきたといえる。

現在、移動にはウェブサイト・アプリの「乗換案内サービス」を使っている人が大半だろう。このサービスは、場所・時間を指定すると最短・最安で行けるルートを提示してくれるのはもちろん、出口や乗り換えに最適な車両までも提示してくれる。たいへん優れものであり、私たちはこれを当たり前に利用している。しかし、このようなサービスが存在しなかった時代には、どのように時間どおりに行ける最適なルートを調べていたのかと不思議に思うときがある。今やそれが思い出せないぐらいにウェブサイト・アプリでの検索が当たり前になっているが、記憶を掘り起こすと「時刻表」を使っていたのだ。

この本を使ってはじめて行く場所への移動手段をどのように調べていたかをいうと、まず路線図をみて利用する路線と乗換駅を把握し、次にその路線のページにて到着と乗車の時間を調べ、乗り換えがある場合はそれを繰り返す、というデジタルネイティブの若者にとっては、信じられないぐらいの「手間」がかかり、なんて「無駄」なことだと思うだろう（そもそも、デジタルネイティブの若者は、本の時刻表の存在をもはや知らないのかもしれないが）。ましてや、乗換駅での移動にどのくらいかかるのか、駅から降りて目的地へはどのくらいかかるのかなどは、「おそらく一〇分もあれば行けるだろう」と非常に曖昧で感覚的だったため、「早く着きすぎた」「遅刻した」といったことが多発し、「目的地に時間どおりに着く」という目的の達成すら不確実なものであった。

労力をかけず最適な解を出すといった生産性からいうと、本で調べるという行為は全くもって「無駄」な行為といえるだろう。実際、発行部数はインターネットが普及する前と比較すると大きく減少している（しかし、一定数の部数は残っており、ここに「無駄」が秘める価値を紐解く鍵があると思う）。

このような事例は、いくらでもあると考えられる。現在、当たり前のように使っているモバイル端末、そのなかに存在するウェブサイト・アプリは、何かしらの「手間」をかけていた行為に対して、最小の労力（コスト）で達成できるため、生産性からみたら圧倒的に優れた代替品であるといえる。仮に、数年前の自分の行為を客観的にみたときには、「なんて無駄だらけなのだろう」と思うだろう。それだけ技術の進歩が「無駄」な行為を生んできたといえ、現代は「便利」を当たり前に享受している社会だともいえる。

便利は人を幸福にするのか　―幸福と便利の関係―

私たちは近年のテクノロジー、特にIT（インフォメーション・テクノロジー）の飛躍的な進化によって、「手間」といった生産性からみたら「無駄」な行為をしなくても済む環境に増々置かれているといえる。また、次々に新技術が市場に投入されるあまり「便利」が当たり前となり、そのありがたみも麻痺しているとも感じる。

一方で、あまりにも「便利」なツールが増えているため、人間が失っているものは無いかという疑問をもつ人も少なくはないだろう。もっと深くいうと「便利」と「幸福」は比例しているのかという疑問である。ここで、一つのデータをみてみたいと思う（図2－1）。

このグラフは、日本人の「一人当たり実質GDP」と「生活満足度」の一九五八年以降の推移を表している。驚くことに、実質GDPが上がろうと生活満足度はほぼ横ばいなのである。慶應義塾大学大学院で幸福学を研究している前野隆司教授は、「確かに日本のGDP（国内総生産）は増えました。モノは豊かになりました。少なからず科学技術はこれらに貢献したと考えるべきでしょう。（中略）人々の幸せ（生活満足度）は、高度成長期（一九五四～一九七三年）だろうと、オイルショック（一九七三～一九七四年）だろうと、バブル景気（一九八六～一九九一年）だろうと、失われた二十年（一九九一年からの二十年）だろうと、リーマンショック（二〇〇八年）だろうと、あまり変わっていないのです」（前野二〇一三、一一－一二頁）と指摘している。一般的に、「便利」になることは良いことであり、生活満足度・幸福度は上がるものと思われるが、実際には横ばいなのはなぜか。その原因を探るために、「幸福」について触れたいと思う。

ポジティブ心理学の創設者であり、「ウェルビーイング理論」を唱えるアメリカの心理学者マーティン・セリグマン博士をご存知だろうか。この「ウェルビーイング」についてセリグマン（二〇一四）は、その時々の気分を捉え人生の

図2-1　生活満足度と一人当たり実質GDPの推移

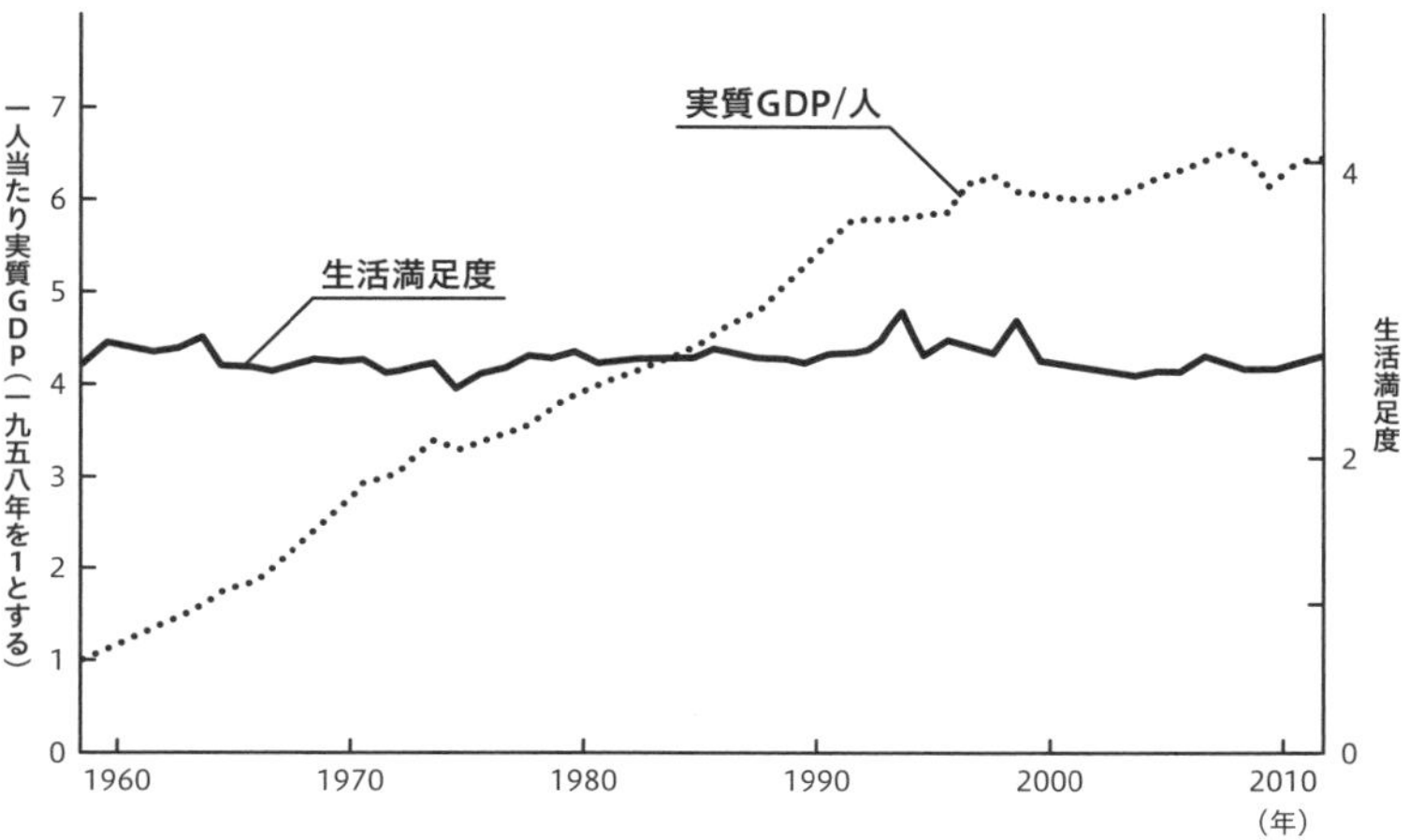

出所：前野（2013）11頁を一部修正のうえ引用。

満足度の増大をはかるものではなく、「持続的幸福度（フラーリッシング）」の増大をはかるものであり、ウェルビーイングは五つの要素（ＰＥＲＭＡ）で構成されていると述べている（二七、三三－三四頁）。

【ウェルビーイングの五つの構成要素】

（一）ポジティブ感情（Ｐ：Positive Emotion）

「快の人生」。楽しみ、歓喜、恍惚感、温もり、心地よさなど、自分が「感じるもの」のこと。

（二）エンゲージメント（Ｅ：Engagement）

「充実した人生」。「フロー」に関すること。フローとは、音楽との一体感や、時が止まる感覚や、無我夢中になる行為の最中での没我の感覚のこと。

（三）意味・意義（Ｍ：Meaning）

「有意義な人生」。人間はどうしても人生に意味や目的を欲しがるものであり、「有意義な人生」とは、自分よりも大きいと信じるものに属して、そこに仕えるという生き方。

（四）達成（Ａ：Achievement）

「達成の人生」。多くの場合に自分がやっていることに没頭し、夢中になって快を求め、勝つとポジティブな感情を得る。

（五）関係性（R：Relationships）

ポジティブなもので孤独なものは実に少ない。「他人」というのは、自分が人生のどん底にあるときには最高の防御手段となってくれるものであり、唯一頼れる存在。最高の強みは「愛される力」であり、孤独というものが人をあまりにもどうしようもない状態に陥らせるため、関係性を求めることが人間のウェルビーイングにおける基本中の基本である。

（セリグマン二〇一四、二五－二六頁・三四－四八頁）

そこで「便利」によって「ウェルビーイング」となる機会が奪われているのではないかと考えた。

まずは「エンゲージメント」である。「便利」は、成果までの「過程」とそこにかける「手間」を省略することであることは冒頭に書いたとおりである。つまり、何かを得るために夢中になることが必要ではないということである。誰しも経験があると思うが、好きなモノを作ったり、好きなスポーツの練習をしたり、好きな作家の小説を読んだりしているときの、あっという間に時間が過ぎていたという感覚、余計なこと（特にネガティブなこと）を考える暇もなく、充実した時間を過ごしたという感覚、これが「エンゲージメント」である。

しかしながら、「便利」によって「過程」とそこにかける「手間」が省略されることによって、

「没頭・没我」するフロー状態は、自らがわざわざ「手間」や「不便」といった「無駄」を選択しない限りは得ることが難しくなっているのである。つまり、生活者があえて「手間」といった「無駄」を選択しない限りは、この「エンゲージメント」が得られにくいのが現代社会だといえる。

次は「達成」とそれによる「ポジティブ感情」である。これは、前述の「エンゲージメント」と大きく関わるものであると考えられる。

たとえば、登山をケースに考察してみよう。この場合の目標は、当然のことながら山頂を足で踏みしめることである。山頂までに行く三つのパターンがあるとする。一つ目は、山の麓《ふもと》から頂《いただき》まで一歩一歩踏みしめて登るパターン。二つ目は、中腹まで交通機関で行き、そこから自らの足で頂まで登るパターン。三つ目は、極端な例だが、ドラえもんの「どこでもドア」で瞬時に頂まで行くパターン。果たして、どれが最も「達成」と「ポジティブ感情」を得ることができるのだろうか。答えは、当然一つ目のパターンであろう。

ただし、「便利」によって身体的な問題に関わらず誰もが山頂に立てるという益ももちろんある。つまり、「便利」の益は「達成」の障壁を下げ、技術的・身体的な能力を保有していないとできなかったことが、誰でも達成できるようになることである。一方で、「便利」によって「過程」と「手間」が省略されるため、その「ありがたみ」を感じることができず「達成」「ポジティブ感情」は低くなるという点が相反的に含まれているのである。

最後に「関係性」である。セリグマンは、これが人の「ウェルビーイング」、それによる「持続的幸福」の根幹としている。しかしながら、「過程」と「手間」の省略化によって、人と人とが協働関係を築く機会が減少しているといえる。

たとえば、何か達成の障壁がある場合、どうしたら乗り越えられるかを調べるとする。現在の主たる方法は、インターネットでの検索である。大抵の解はそこにあり、専門家の知見もあるので、課題解決だけを目的にした場合は、インターネットでの検索が効率性・生産性が高い（無数の情報から信頼のおける情報を選択できるリテラシーは問われるが）。インターネットが普及する以前は、本屋や図書館での探索や、それこそ友人・知人にアドバイスを求めただろう。

ここでのポイントは、他者とのコミュニケーションとなる。この行為の最大の利点は、友人・知人とともに課題解決について一緒に考えるという「没頭」を共有し、その「達成」をともに分かち合える「共創関係」であり、ともに喜びを分かち合う「共幸な関係」になれるということである。ここにおいても「便利」が、「関係性」を得る機会を減らしているという相反性が含まれているのである。

現在、コミュニケーションにおいて革命的に便利なツールがLINE・Twitter・Facebook・

Instagramに代表されるSNSである。このSNSによって、到底知り合うこともできなかった人や、奇跡でも起きない限り再び会うことができなかった人とつながることができる点、つながった人とは時間と場所の制約を受けずにコミュニケーションが可能になった点、従来はメディアが発信する情報に対して一方的で受動的な立場でしかなかったのが、誰でも世の中に発信できる立場となった点、その情報に対して他者からの反応が「見える化」されることによって、自らの情報発信スキルが向上される点など非常に多くの益がある。しかもモバイル端末さえもっていれば、それらは基本的には無料で使える（データと引き換えに）という点は、利用の障壁を限りなく低くしており、まさに「便利」の象徴といえよう。

しかしながら、この「便利」による害もあるようである。一つは、二十四時間相互監視状態による対人関係のストレスである。もう一つは、反応の見える化による「孤立不安」である。詳細については、本書の第三章の「無が価値になる」で述べるが、誰もが人との良好な「つながり」を構築するために使っている便利なコミュニケーションツールが、新たなストレスを生んでいるのは皮肉な話である。

以上、「便利」が「ウェルビーイング」、それによる「持続的幸福」に与える影響を述べてきた。「便利」による「過程」とそこに掛ける「手間」の省略によって、これらを享受できる機会が失われつつあることは理解していただけたであろう。

ここで、「便利」のすべてが害ではないということは、誤解を生まないよう述べておきたい。「便利」によって、今まで限られた人しか得られなかった成果が、知識・能力・時間による障壁が低くなり、誰しもが享受できる状態になることは素晴らしい益である。いわば、「成果のユニバーサル化」といえよう。問題なのは、「便利」によってその時々は充足される一方で、「ポジティブ感情」「エンゲージメント」「達成」「関係性」といった構成要素からなる「ウェルビーイング」、それによる「持続的幸福」を得る機会が減少するということである。

これを解決するためには、生活者が「手間」や「不便」といった「無駄」な行為を「あえて」選択することが必要になってくる。つまり、成果だけを求める点においては「便利」によって機会格差は是正される一方、「無駄」への意識をするかしないかで「ウェルビーイング」、それによる「持続的幸福」の格差は拡がるものと考えられる。あえて「無駄」を選択する人と、意識せずに「便利」だけを享受し続ける人では、「幸福な人生」に大きな差がつく恐れがあるといえる。

「不便の益」とは？　――京都大学川上特定教授の研究より――

京都大学でシステム工学を専門とされる川上浩司教授が提唱される「不便益」という概念がある。川上教授は、「不便益とは不便の益というポジティブな意味であり、『良いこともあるから不便でも我慢してね』という後ろ向きの意味ではなく、『不便だからこそ得られる益があるのだ』という前向きの気持ちが込められている」と述べている。

川上教授は京都大学在学中よりＡＩ（人工知能）について研究され、世の中のすべてをいかに技術によって「便利」にするかを研究してきたわけだが、その方があえて「不便さがもたらす益」を研究しているのは非常に面白い点である。

川上教授に「不便益」を研究するようになった動機を尋ねたところ、恩師が立ち上げた研究室に助教授で着任された際に、ＡＩを一緒に研究するものだとてっきり思っていたところ、「これからは『不便益』だ」といわれたのがきっかけだったそうである。なぜこの恩師が「不便益」に着目したかというと、エンジニアリングの世界において「便利」を追求するということが合意事項であったが、当時はデザイン分野でユーザーエクスペリエンスという概念がいわれはじめた頃でもあり、何かを経験することが大事だという視点が未来的であり、「不便益」がその流れに沿ったコンセプトであったのである。

「便利は、人間が自分で何かをするというチャンスを奪っているような気がする」と述べる川上教授は、具体的に以下のように述べている。

電子レンジの温め一分ボタンは、とりあえず押しておけば適当にいい感じに温まり、とっても便利である一方、自分でちょっと工夫した自分なりの温め方とかにチャレンジしようという気にはなりません。本来は、ちょっとした工夫をして何か面白いものや新しいものを作るとか、もっと良いものを探すといった人間にとっての楽しい行為が、「もう、それはしなくていいよ」っていわれている感じがします。つまり、便利が人の能動性を奪っているのではないかということです。そして、大半の人間は便利さに流され、それによる弊害がきっとあると思うのです。

ただし、川上教授も「便利」を否定しているわけでは決してない。「便利」とは「成果を得るために必要な労力を省けること」であり、その便益はもちろんある。川上教授の恩師がいうには、「無駄な無駄と無駄ではない無駄」があるということである。これを川上教授は「無駄な『手間』と無駄ではない『手間』」と読み替えた。

このようにすると、我々が手間を掛けることによって、自分が変わる、対象が変わるといった何かしらの意味があるかどうか、つまり、自分が変わるケースが「無駄ではない無駄（手間）」となり、何も変わらないケースが「無駄な無駄（手間）」ということなのである。ここで川上教授が作成された「不便と便利」「益と害」の二軸四象限の図2－2を紹介したい。

　便利で益のある「便利益」、不便だけど益のある「不便益」、便利だけど害のある「便利害」、不便で害のある「不便害」の四つの象限がある。注目は「便利害」である。川上教授は「便利による害とは、便利だから自分でやる気が起きないとか、深みを知る必要がなくなるといった人の能動性を奪うことであり、その害が顕在化されたものが『便利害』である」と述べている。

図2-2　「不便と便利」「益と害」での四象限

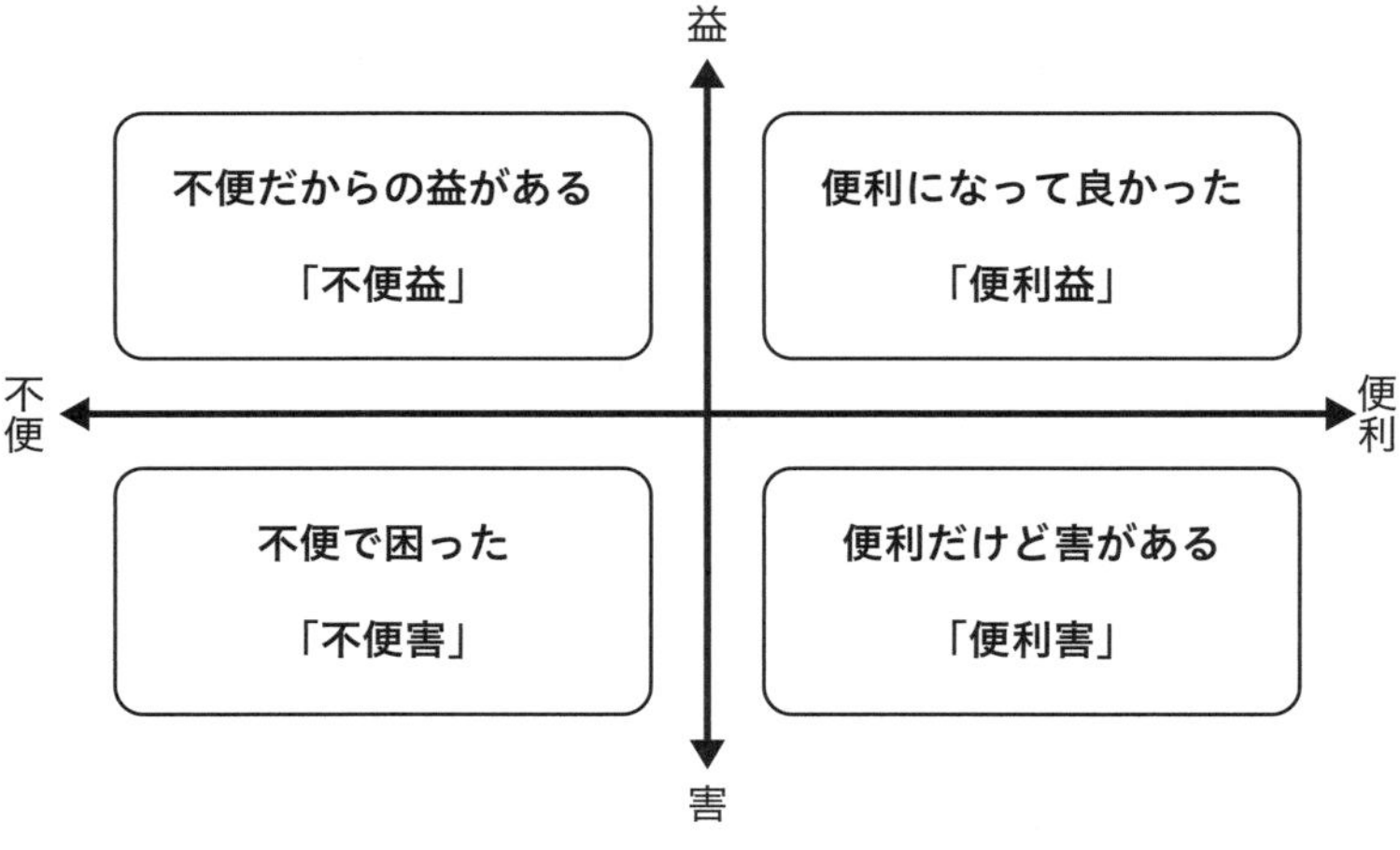

出所：川上（2019）83頁を一部修正のうえ引用。

では、「益のある不便」とは何か？　川上教授は次の益があるとしている。

・客観的な益
一．能動的な工夫
二．気づきや出会い
三．対象系理解
四．（飽和しない）習熟
五．主体性
六．スキル低下防止
・主観的な益
一．動機づけ（モチベーション）
二．安心感
三．自己肯定感
四．パーソナライゼーション
五．嬉しさ

（川上二〇一七、一四－一五頁）

不便の益について、カメラによる写真撮影の例で解説したい。これは従来とは劇的な変化をした行為の一つといっても過言ではない。

写真を撮るという行為において、最も「手間」を掛けないのは、スマートフォンで写真撮影アプリを使って撮影することである。これによって、フィルム撮影とは違い枚数制限もなく、仕上がり自体も即時に確認でき、さらに出来具合は後の加工によってどうにでもなる、といった現在における「便利」の象徴の一つでもある。

この対極にあるのが、フィルム撮影の一眼レフカメラである。撮影できる枚数に制限があり失敗が許されないといった条件のなかで、ベストの写真を撮るために様々な設定を調整し、集中力を高めて撮らないといけない。さらに、仕上がりは現像してみないと分からないといった、まさに「不便」の象徴である。

しかしながら、あえてこの「不便」な方法で写真を撮るユーザーは一定数存在する。なぜならば、そこに「益」があるからである。塩瀬（二〇一七）は「ユーザーは手間をかける過程で様々な使い方を試みつつ、行為の結果をフィードバックされることによって、対象系を理解し、使い方に関する技能に習熟する。その習熟を通じて、自己肯定感といった主観的な益を得ることもできる」（九八頁）と述べている。

他にも、「不便の益」を紹介したい。まずは、「新聞」の益である。これは、筆者が別の取材先にて、とある学校の先生より「生徒には新聞を読みなさいと指導している」と聞いたことがあるのだが、現実は自宅での定期購読契約数は年々減少している。

その原因は、当然のことながら、ウェブサイト・アプリから無料で欲しいニュースを取得することができるためである。これらにおいては、取得したい分野を選択でき、かつそこからピックアップした記事には、関連記事も紐づけられて取得することができる。したがって、興味をもった分野においては、効率的に深掘りしていけることが大きな益といえよう。

一方、情報選択の主導権が自らにあるため、興味をもたない分野には一切触れることがなく、他のことは「無かったこと」になってしまう害もある。アメリカのインターネット活動家であるイーライ・パリサーは、これを「フィルターバブル」(パリサー二〇一六)と名付けている。

インターネットの世界は一見開かれた世界であるように思われるが、実は個人にとっては好みや興味といったフィルターで選別できることによってパーソナライズされた偏向した世界にいることになり、しかもその個人自身はどれだけ偏向しているかに気づかないというものである。これをパリサー(二〇一二)は「閉じこもるインターネット」とも呼んでいる。

新聞はどうであろうか。大抵の人は、すべての情報に目は通すであろう。それによって、様々な記事から新たな興味・関心が生まれることもあるだろうし、政治・経済、社会、地域、文化、スポーツなど様々な情報を得ることによって、世の中を俯瞰《ふかん》してみる力も養われるのである。

同じようなことは、「辞書」にもいえる。「電子辞書」は、検索機能によって最短でその言葉の意味を知ることができる。「紙の辞書」はどうであろう。これも新聞同様に、年々発行部数は減少している。分厚いページをめくりながら、該当する言葉を探すといった「手間」があるため、知りたい言葉の意味を知るという成果だけにおいては、まさに「無駄」といえよう。

しかしながら、「紙の辞書」の場合は、自らの手と眼で探している間に、否応なく他の単語も眼に入ってくるのである。「電子」と「紙」を使用している子どもを比較した場合、どちらの方が豊かな言語力をもつことになるだろうか。それは、もちろん「紙」であろう。だからこそ、学校の先生は生徒に「紙の辞書」を薦めるのである。

また、本章の冒頭でふれた「時刻表」はどうであろうか。地図や乗り換え検索サイト・アプリといったウェブサービスの方が、当然タスク達成の面では圧倒的に効率的で生産性が高い。

しかし、「時刻表」で調べることによって、目的地や利用する鉄道とは違う駅名や路線も否応なく眼に入り、未知の地域や土地への興味が醸成され、新たな旅へ誘われるのである。

逆にいうと、地図や乗り換えの検索サイト・アプリでは、その情報は一切出てこないので、途中の土地や地域は存在しないものといえよう。

社会学者の松岡慧祐《まつおかけいすけ》氏は「地図は、紙を『広げる』ことによって読まれるものであると同時に、それを通じて、みずからをとりまく世界についての知識を『広げる』ものとして普及してきた」

と述べている（松岡二〇一六、六五頁）。一方で、「グーグルマップを使えば、原理的には（データベースの範囲内で）あらゆる場所の地図にアクセスでき、世界中を自由自在に見わたすことができる『神の眼』を手に入れたかのように思えるが、実際のところ一人のユーザーがアクセスすることになるのは、一部のローカルな地図情報にすぎないのが現実だろう」（八五－八六頁）とも述べている。まさに前述のパリサーの「閉じこもるインターネット」なのである。

一方、「紙の地図・時刻表」は、その「不便さ」によって自らの世界を広げてくれる「不便の益」なものなのである。

このように「紙の新聞・辞書・時刻表・地図」は、情報を取得するタスク達成の面では、非効率であり「無駄」といえるが、その「不便」によって多様な知識を得ることができるといった、まさに「不便の益」なものなのである。

「無駄」とは少し違うが、「不便の益」への理解を深めるために、博物館・美術館での例を紹介したい。通常、これらにおいては、展示物に対してそれを説明するキャプションがついているが、それをあえて情報量を省く・減らすという仕掛けである。

キャプションには、来場者に細かく説明をすることによって理解を深めてもらうという目的があるが、塩瀬（二〇一七）は「利用者の主体性を形成せず、獲得するための相互行為も排除するという意味において、受動的な利用者を量産してしまう」（一〇一頁）と述べている。これを防ぐためには、川上教授は以下のように述べている。

あえて「引き算のデザイン」によって、人が参加する機能の「隙間」や「余白」を残し、その「不完全さ」や「弱さ」をメリットに変えることが重要だ。

そして、博物館・美術館における不便の益がある仕掛けとして、以下が挙げられている。

一．手がかりを減らす
二．手がかりを隠す
三．手がかりに手で触れる
四．手がかりを共有する

（塩瀬二〇一七、一〇二－一一〇頁）

本書の第五章でも紹介されるが、「広島平和記念資料館」がまさに情報を減らした展示を実践している。こちらでは実物展示を重視し、説明文は極力抑えている。その最たる例が、「亡くなった生徒たちの遺品」である。これは、多数の被爆した実物の衣服による展示だが、そこには説明がほぼ無いのである。資料館の志賀賢治・前館長（第十二代館長）にその狙いを以下のように述べられた。
資料館が果たす役割というのは、「とにかく考えはじめる」というきっかけを作るっていうものじゃないのかって思います。言わば問いかけを与える。その問いかけを、大変みなさんには申し訳ないんですけど、恐らく生涯忘れられない問いかけを受け止めて引きずりながら、お家に帰っていただくというふうな、そういう仕掛けが作れないかなということです。

そして、「その展示の前で、ずっと考えはじめる子どもたちが多いと小学校の先生からお話を伺ったことがある」とエピソードも紹介された。あえて、インプットさせる情報を減らすことによって、能動的になりイマジネーションを巡らせ、深い記憶として残るのである。このように、あえて「隙間」「余白」を残し「不便」をつくることによって、益をもたらすことも「不便の益」なのである。

今こそ、あえて「無駄」を楽しむ　―ニーズのゆらぎが生んだ新たな消費行動―

次に、現代社会ならではの「無駄」を楽しむ消費行動を紹介したいと思う。

【不便を楽しむ消費行動　―アウトドアライフ・キャンプ―】

昨今、第二次アウトドアブームであるといわれている。日本オートキャンプ協会によれば、オートキャンプ人口（年間一泊以上のオートキャンプを行った人）が七年連続で増加傾向にあり、二〇一三年の七五〇〇万人から二〇一九年には八六〇〇万人にまで増加している。この要因としては、第一次アウトドアブームとよばれる一九九〇年代に家族で経験した今の四十代が、今度は親の立場でキャンプを楽しんでいるためといわれている。

また、今回のブームで生まれたのが「ソロキャンプ」といわれる「ひとり」で楽しむキャンプである。これは、タレントがYouTubeで発信したところから人気になったものであるが、一九九〇年代の第一次ブームではみられなかったスタイルであり、従来の家族や友達で楽しむといった概念から飛び出した新しいスタイルである。

その他にも、ラグジュアリーなキャンプを楽しむ「グランピング」や都市近郊の河原や有休地でお手軽に楽しむ「アーバンキャンプ」、コロナ禍による外出自粛時に拡がった「おうちキャンプ」なども ある。川上教授が述べていたが、「おうちキャンプ」は自宅にいなければならないといった制約がある「不便」な状況にも関わらず、あえて庭でキャンプを楽しむといった不便に、さらに不便を上乗せしたユニークな行為である。

このように、スタイルも多様化しているため、今回は一過性のブームでは終わらないものといわれている。

ただし、これだけがブームの要因なのだろうか。「便利」という観点からいうと、そもそもキャンプ場まで行くのは「手間」であり、テントを張るのも「手間」、火を起こすのも「手間」、調理するのも「手間」、食べるにも「手間」と、キャンプとはまさに「手間」だらけのアクティビティなのである。みんなでご飯を食べながらおしゃべりするのであれば自宅でも良いし、料理の手間を省きたいのであれば、ケータリング・テイクアウトで良いのである。

さらに前述の「ソロキャンプ」などは、いったい何のためにやるのだろうか。キャンプの主たる楽しみである「みんなで」すらないのである。「ひとり」でご飯を食べるだけなら、それこそケータリング・テイクアウトで充分なはずである。それにも関わらず「不便」をさらに「不便」にしているのである。

こういった行為は、ブームを経験した世代が大人になり経済力をもったという世代的・経済的要因、SNSによるメディア要因だけでは説明ができないものである。川上教授はこの要因について、「なんでも便利になることによって、何もしなくても良い、何もしない方が良いことだらけになり、人間の能力を発揮するチャンスが奪われ、人間でなくても良いことだらけになることに対する気持ち悪さを潜在的に感じているのでは」と述べている。

アウトドア関連の企業でここ数年、急成長しているのが株式会社スノーピークである。創立地でもあり本社のある新潟県三条市の職人による技術力と、顧客のニーズを捉えた開発力による優れたプロダクトがもちろん成長要因であるものの、ポイントはプロダクトの先にある価値を啓蒙・提供している点にあると考えられる。

スノーピークのホームページによると、「人間性の回復」を多くの人に広げていくことを使命とし、「NOASOBI（野遊び）を世界に」をメッセージとして発信している。つまり、スノーピークはプロダクトのみを売っているのではなく、その先の「ウェルビーイングの享受」といった価値を提供しているのである。その方法が「自然とのふれあい」なのである。スノーピーク代表取締役会長の山井太氏は、書籍で以下のように述べている。

たくさんの人たちが自然に癒されていく姿を見てきました。都心生活をしていると、隣近者といっても、顔がわからなかったり、挨拶もしない間柄だったりすることがあると思いますが、キャンプでは、それがガラリと変わります。まったく知らない者同士でも、テントで隣り合わせになると、作り過ぎた料理をおすそわけしたり、朝はお互いに「おはようございます」と挨拶をするなど、自然発生的にコミュニケーションが生まれます。キャンプを機に、その後も家族同士の付き合いが続いている、というケースも多々あるんです。

（山井二〇一五、五―六頁）

これは、セリグマンによる「ウェルビーイング・持続的幸福」の根幹的要素である「関係性」を満たすことを表している。

彼らは、高品質なキャンプ用品づくりに力をそそぎながら利用者を観察することによって、自分たちは単にプロダクトを提供しているのではなく、アウトドアライフが「人間らしさ」を取り戻し「ウェルビーイング」のきっかけとなるコトであることに気づいたのである。まさに「人間回帰」を提供しているのである。

その「人間回帰」につながるのが、彼らが提唱する「野遊び」なのである。「野遊び」は、これといった正解がないため、自分で探索するそのプロセスが豊かな人間性を育て、苦労して達成したときの達成感が自己肯定感を満たし、人と力を合わせなければいけない場面があり、結果はどうあれ一緒に行動した人との絆が深まり、楽しかった思い出を共有することができるといった効果があると述べている（スノーピーク二〇一五、一五一一六・一九一二〇頁）。

すでにお分かりであろうが、「野遊び」はウェルビーイングの「ポジティブな感情」「エンゲージメント」「達成」「関係性」といった要素を満たすアクティビティなのである。

つまり、「便利」が溢れている都心生活者が、言語化はしないものの、感覚的に今の生活に「ひずみ」を感じていることが、今のブームの大きな要因なのではないかと考えられる。実際に、開発されたタワーマンション群の街にあるアウトドアショップほどよく売れるという話が、現代の「なんでも便利にできる社会」での「ニーズのゆらぎ」（序章参照）による、あえて「無駄」を求める消費行動であることを証明しているのである。

また、忘れてはいけないポイントは、スノーピークが開発する優れた機能のプロダクトにある。その優れた機能性は、アウトドアのみならず家庭においても使用する生活者がいるぐらいである。

ここでお気づきの方もいると思うが、ユニークな点は、「不便」なアウトドアライフ・キャンプをするうえでスノーピークは「便利」なプロダクトを提供しているのである。この点も、アウトドア市場においてスノーピークが成長してきたポイントだと考えられる。つまり、現代の生活者に受容され市場を獲得するためには、「すべてが不便」では駄目であって、「便利にできる無駄な体験」を提供することが重要なのである。

このような体験を提供することによって急成長した市場が次に紹介する「謎解きイベント」である。

【非計画を楽しむ消費行動　―謎解きイベント―】

日本全国の様々な土地や場所で「謎解きイベント」が開催されているのをご存知だろうか。これは、謎を解きながら、観光地や街、ショッピングセンターを回遊するといったイベントである。著者が帰属する小田急グループにおいても、箱根・江の島といった観光地やショッピングセンターといった様々な場所を舞台にして実施している。

現在のイベントのスタイルは株式会社ＳＣＲＡＰの「リアル脱出ゲーム」がはじまりだといわれている。「謎解きイベントカンファレンス」(二〇一五) によると、二〇一五年の一年間で参加者が述べ五〇〇万人、四〇〇億円の経済規模と一大マーケットを構築している。謎解き自体は、古くからあったものだが、なぜ、これほどまでの市場を築くことができたのだろうか。「謎解きイベント」は観光地において多く行われているが、この仕掛けを紐解くと観光地側の課題を非常に捉えたイベントであることが分かる。

観光地側の課題は、来訪していただき回遊しながら、体験を通じて文化・歴史への理解を深め、また訪問していただくことである。このような課題に対して、謎解きイベント会社でその土地ならではの文化・歴史・食・施設といったリソースをもとに、オリジナルの「謎」を作成し、開催を告知する。そして、イベント参加者には謎解き本（チラシ）を配布し、地点毎に謎を解き、エリア内での回遊を促す。さらに、その謎の答えを通じてその土地の文化・歴史などを伝えるのである。観光地側の課題を解決する非常によくできたコンテンツだといえよう。

しかしながら、なぜこれほど多くの人があえて「謎解きイベント」に参加をするのであろうか。観光地の人気スポットを巡ることを目的にした場合、「事前にどこへ行くのかが分からない」「次に行くところも自分で解き明かさないといけない」といった「謎解きイベント」は「無駄の極み」であるといえよう。

効率性の観点では、バスツアーが目的地と移動手段をすべてお膳立てしているため最適な方法であるといえよう。バスツアーは、公共交通が整備されておらず周遊することが困難な土地や、身体的に移動の障壁がある方に対して非常に有益な仕組みであり、観光・旅行がユニバーサル化された形態なのである。

ただし、すべてがお膳立てされた観光と謎解きをしながら巡る観光では、どちらが「記憶」に残る体験になるだろうか。答えは、もちろん後者であるだろう。すべてがお膳立てされてしまうと行動の余白がないため受動的になってしまうが、「謎解き」は自らが次に行く場所を解き明かし、その移動手段も自らが考えなければならないといった能動的な体験なのである。これによって、謎を解くことに没頭することによって得られる「エンゲージメント」、謎が解けることによって得られる「ポジティブな感情」が生まれ、ゴールしたときの「達成」を得ることができるのである。

そして重要なポイントは、謎を解くうえで同伴者と一緒に考えるといった共同作業によって「関係性」が深化されることにある。さらに特筆すべきは、イベントに参加している知らない人に対しても自然と声をかけあったり、ゴールしたときに感想をいい合ったり、喜びを分かち合ったりと新たな「関係性」を築くきっかけになる点である。

一方、すべてがお膳立てされた観光では、移動も含めてずっと同じ空間にいるにも関わらず、最後まで他のグループとは一言も交わさないで終わるケースが多いだろう。なぜなら、最初の一言がでるきっかけや余白がないからなのである。

このように「謎解き」は、前述のキャンプと同様に、ウェルビーイングの根幹をなす「関係性」が得られるのである。そして、観光地側にとっては、能動的にその土地を体験・理解していただくことによって再来訪者を生みだされているため、重宝されているのである。これが、単純なスタンプラリーとは大きく違う点なのである。

そして、仕組みとして重要な点は、スノーピーク同様に「便利にできる無駄な体験」にある。つまり、「謎解き」というお膳立てによって、効率性からいえば無駄だらけだが、ウェルビーイングな観光体験ができる点が現代の生活者に受容されていると考えられる。

最後に、もう一つ「無駄」を楽しむユニークな消費行動を紹介したい。

【手間を楽しむ消費行動 ―ミールキット・手作りキット―】

「ミールキット（料理キット）」が今、人気なのはご存知だろうか。ミールキットとは、レシピとその調理に必要な人数分にカットされた肉や野菜、調味料などを含む食材がセットになったものであり、食物販で販売される惣菜といった「中食」と自宅で食材から調理する「内食」の間にあるようなものである。

矢野経済研究所の調査によると、二〇一八年度の食品宅配市場規模（主要八分野合計値）は前年度比二・八％増の二兆一三九九億円と推計され、二〇一六年度に二兆円の大台に乗り、少子高齢化の進行で国内の食関連市場が縮小傾向にあるなか、堅調な伸びを示しているとされている。

そのなかで「ミールキット」については、「近年は生協やネットスーパーなどが参入して調理メニュー（献立）が拡充され、品質も向上している。主要なユーザー層は、家事（調理）の時短ニーズが高い子育て・共働き世帯であるが、昨今は高齢・単身世帯の需要も高まっており、参入各社は大きな成長を見込んでいる」と述べている。

また、利用者に対するアンケート調査（首都圏・中京圏・近畿圏在住の女性二十代～六十代以上のミールキット利用経験者一〇九〇名を対象にしたインターネットアンケート調査）によると、「ミールキットを利用する理由」（複数回答）について、「毎日の献立を考えるのが面倒」（四六・

七％）が最多で、次いで「料理に時間をかけたくない」（三五・七％）、「食材が余らない（ゴミにならない）」（三一％）であった。本調査結果より、調理にかかる時間や手間をできる限り削減したいという時短ニーズと、余計な食材を買って余らせたくないという節約ニーズが高いことが示されたのである。

このことから家事・育児・仕事に追われる女性のニーズを捉えていることがよく分かるが、家族に食を提供するというタスクだけ考えれば、出来合いの弁当や惣菜を買ってくることが最も効率的だと考えられる。では、なぜあえて「キット」を購入して「ひと手間」を掛けようとするのであろうか。

その要因として、家族に出来立ての美味しいものを食べて貰いたいというニーズもあるが、重要な点は消費者のなかに隠れた「罪悪感」という心理にある。これは、家事を担う女性が「手抜きをしたくない」「手抜きをしていると思われたくない」という潜在的な心理である。これを解消しているのが、「ミールキット」による「あえてのひと手間」なのである。この「ひと手間」が、川上教授が述べた「人間が介在する隙間・余白」となることによって「自己肯定感」が醸成され「罪悪感」が払拭されるのである。

さらに今人気なのが、手間をさらに二〜三つ掛けた「手作りキット」である。これはその名のとおり、食材をつくるうえで必要な材料がセットされたものである。例を出すと、農産品や加工食品、ミールキットなどの食品宅配を展開するオイシックス・ラ・大地株式会社が運営する「らでぃっしゅぼーや」が、二〇一九年より提供を開始した「週末Ｋｉｔ」がある。オイシックス・ラ・大地株式会社から発信されたニュースリリース（二〇一九）によると、以下のようなものである。

ご自宅で本格的な「自家製」食品を作るための必要量の食材と作り方（レシピ）がセットになった「体験型ミールキット」です。週末Ｋｉｔは、「週末を理想的に過ごせていない」というらでぃっしゅぼーやのお客様の声から生まれました。商品開発にあたっては、敢えて自分ですべての材料を揃え、作り方を調べることが面倒なものを対象としました。必要量の食材と作り方全てセットにしてお届けすることで、週末の午後にお子様と一緒に取り組んだり、習い事感覚でご自分のスキルアップの一環として手軽にご活用いただくことで、「こんなことがお家でできるんだ！」といった「発見」や、自分のレパートリーになかったものを作れるようになるという「料理をする喜び」といった価値を提供したいと考えております。

商品ラインナップをみると、挽肉から作るソーセージ、粉から作る生パスタ、豆乳から作る豆腐、パン生地から作るメロンパンといった、どれも「食べる」ということだけを考えたら、面倒で「無駄」なものばかりである。

そもそも「時短」を目的としたミールキットが、「時長」といった逆の目的としたものに拡張したというのは非常にユニークな点である。これは、ミールキットに内在されていた「手間」がもつ価値を拡張したものなのである。通常のミールキットと大きく違うのは、当然のことながら「手間」の負荷量である。負荷量が大きければ大きいほど、不便で面倒になるが、没頭による「エンゲージメント」、作り上げたときの「達成」「ポジティブ感情」を得ることができるのである。

また、「らでぃっしゅぼーや」の「週末K·it」でも掲げているとおり、子どもや他者との共同作業のきっかけとなり、より良い「関係性」をつくる機会となるのである。二〇二〇年四月から五月にかけて発令された緊急事態宣言による外出自粛下においては、このような「手作りキット」が好調であったと聞く。

これも前述の「おうちキャンプ」と同様に、不便さにさらに不便さを上乗せしたユニークな行為であるが、活動が制約され「何もするな」「誰とも会うな」といわれているかの状況であったからこそ、単なる暇つぶしではなく、思考し、没頭し、達成することによって得られる「自己肯定感」と他者との「つながり」を求めた消費行動であったと考えられる。

そして、生活者に受容された重要なポイントは、「手作り」というものの、その材料とつくり方はしっかりと「お膳立て」されているのである。本当にゼロからソーセージをつくるとなると、そもそも材料に何が必要か、どのようにつくるのかを調べることから始まり、手間が多すぎて、つくってみようとはまず思わないし、思う人がいたとしても、ごく限られた人の嗜《たしな》みであり大きな市場には成り得ないだろう。

一方、ここまでお膳立てされていれば、「やってみよう」と思う人は拡大に増えるのである。つまり、前述のスノーピークが提供するアウトドアライフ・キャンプ、観光地での謎解きイベントと同様に、「便利に無駄（手間・不便）ができる仕組み」になっている点が、市場性を生み出すことになるのである。

以上、現在の「無駄を楽しむ」消費行動について紹介してきた。

どれも、あえて「手間」や「不便」といった効率性からいったら全くの無駄な消費行動ではあるが、便利な社会、言い換えると「何もしなくても手に入る社会」における「ニーズのゆらぎ」に対して、あえて「不便」という人間が介在する「隙間」「余白」に「手間」を仕掛けることによって、没入し達成することで得られる「自己肯定感」と、そこから発生する共同作業、共感といった他者との「つながり」を満たすといった消費行動は現代社会ならではといえよう。

今後、技術の進歩によってさらに「便利」になっていくことで、無駄へのニーズが増幅され、このような「没入消費」「自己肯定消費」「つながり消費」ともいえる消費行動は、ますます顕在化していくと考えられる。ただし、繰り返しにはなるが、多くの生活者に受容され、市場性を高めるためには、「便利に無駄ができる仕組み」が重要なのである。

ケース分析　―小田急による観光地「箱根」の再生を事例として―

「無駄」を「価値」に変えたケースとして小田急グループによる「箱根」での取り組みを分析したい。

小田急グループについて少し紹介すると、東京の副都心であり世界でも有数の商業都市かつターミナルである新宿から、日本有数の観光地である箱根・江の島を結ぶ鉄道事業を基幹とし、主として沿線上において百貨店・ショッピングセンターといった小売事業・商業施設運営事業、住宅・オフィス等の不動産事業、ホテル等の宿泊施設による観光事業を営むグループである（筆者は、そのマーケティング・広告事業を営む小田急エージェンシーに所属）。そして、小田急といえば、テレビのコマーシャルでもみかける特急車両の「ロマンスカー」、そして「箱根」を想起する人が多いだろう。

この小田急の箱根における歴史を振り返ると、戦後の一九四八年に東京急行電鉄株式会社から分離独立し新生小田急電鉄株式会社として発足した際に、箱根の玄関口である小田原と山内の強羅を結ぶ箱根登山鉄道が傘下に加わった。そして同年、新宿から小田原までをノンストップで走行する週末特急の運転を開始したのに続き、一九五〇年には箱根登山線への乗り入れが実現。さらに、一九五七年には新幹線の開発モデルにもなった特急車両「ロマンスカー・SE」の就役や、箱根周遊ルート「箱根ゴールデンコース」の開通（一九六〇年）による強固な観光輸送と高度成長期のレジャーブームが重なり、一大観光事業として確立することができた。

ところが、バブル経済の崩壊により全国各地で観光客が減少するなか、箱根の観光客数も一九九一年をピークに減少に転じてしまったのである。この状況を打破すべく、箱根エリアにおける大型投資の実施、さらに二〇〇五年には箱根への観光輸送に特化した「ロマンスカー・VSE（50000形）」をデビューさせるなど、箱根の魅力を再アピールすることによってV字回復を成し遂げたのである。

箱根「大涌谷」
写真提供：ピクスタ

このような「負」の状況からどのように脱却したのかを紐解くために、当時、小田急電鉄グループ経営企画室（箱根統括会社設立準備室）のプロジェクトマネージャーであり、立役者の一人である金野祥治氏（現・東海自動車株式会社代表取締役社長、元・小田急エージェンシー専務取締役）に話をお伺いした。

当時の衰退の要因は宿泊客の減少であった。これは一九九〇年代のバブル崩壊後、箱根にある有名企業の保養所が次々と閉鎖されたことも大きく影響していた。さらに、当時の箱根の旅館やホテルの多くは宴会場を有した団体型であったのに対して、個人型の旅行スタイルが主流となりつつあった時代とのギャップも生じていたのである。

このような状況のなか、金野氏がまず取り組んだことは「なぜ、箱根に来ないのか」を明らかにする大規模な消費者アンケート調査であった。そして、この調査結果が大きなポイントとなるのであった。

箱根の強みは、都心部からの「近さ」であり、近いにも関わらず豊かな自然と温泉が体験できることだと事業側の誰もが疑っていなかった。しかしながら、調査結果から浮き彫りになったのは、確固たる強みだと思っていた「近さ」が箱根に行かない原因だったのである。それは「近すぎて観光気分が味わえない」ということであり、さらに、当時の観光として人気だったのは北海道・九州・沖縄、そして海外であり、都市生活者にとって箱根は「行くのが恥ずかしい」場所になっていたのであった。つまり、時代の変化による「ニーズのゆらぎ」によって「強み」がいつの間にか「弱み」になっていたのである。

加えて、ロマンスカーといえば展望席を想起する人が多いと思うが、当時の最新型は通勤タイプで展望席がないものであった。それは、長距離通勤者の快適に移動したいというニーズを捉えていた一方で、旅の情緒としてはあまり感じるものではなかったため、多くの来訪者が経済的で便利な自家用車を選択したことによって、ロマンスカーの観光利用者が減少してしまったのであった。ここでも、強みだと思っていたロマンスカーが自家用車という交通手段に対して弱みとなっていたのである。

このような問題点を解決するために行ったことは、「弱み」となってしまった「近さ」「ロマンスカー」を「強み」として今一度伝えることであった。その手段が、今も放映しているテレビコマーシャル「今日、ロマンスカーで。」である。このコマーシャルには必ず「新宿から箱根へ、85分（現在は、最速73分）」とあえて「近さ」を入れている。これは、当時、近いという感覚だけで具体的な所要時間についてはほぼ認知がされていなかったためである。

一方で当時の社会背景としては、バブル時のブランド志向の余韻はあったものの、企業はリストラや無駄の削減に躍起になっており、窮屈《きゅうくつ》な空気が漂っていた。そういったなか、「わずか八十五分でその空気から抜け出せますよ、思いたったら行けますよ」ということを伝えたのである。

そのなかで、金野氏が最も印象に残っている広告だと語ったのが二〇〇五年秋の「ずる休み」篇である。これはビジネスマンがある日、思い立ってずる休みをして箱根に行き温泉に浸かるという大胆な構成だが、これが話題を呼び新聞社の取材も受けたのであった。

この広告の重要な点は、単に所要時間といったロマンスカーの機能性だけを伝えているのではなく、移動先での箱根本来の価値である非日常体験を一緒に伝えていることである。これが「日常の閉塞感から抜け出したい、でも簡単には抜け出せない」という都市生活者の心理のなかに隠れたニーズに刺さったのだろう。これによって一度は弱みになっていた「近さ」が再び「強み」へとなったのである。

ここで重要なのが、金野氏も繰り返し指摘していた「ファクト」の認識と伝達である。先入観を覆した生活者の「ニーズのゆらぎ」という「ファクト」を発見した点、「近い」という曖昧な印象を具体的な単位（ここでは所要時間）という「ファクト」、行った先での体験という「ファクト」を一緒に訴求した点である。この「ファクト」なしでは、弱みとなっていた強みが再び輝くことはなかったのである。

箱根のもう一つのネガティブな点は、著名な湯布院や黒川温泉といった温泉街は歩いて周れるのに対し、「箱根」と一言でいっても東京から横浜間以上の広大なエリアのため、すべてを周遊するためには、「乗り物」による移動がつきものなのである。つまり、移動して観光地に行って、さらに移動しなくてはいけないということがネガティブな要因になっていたのである。観光における移動は、そこに楽しみがなければ限られた時間と費用の無駄遣いであり、できるだけ省力して、その分を目的地で使いたいと思うのが当然であろう。

この「無駄」として捉えられる移動を価値に変えたのが、「乗り物のエンターテインメント化」である。展望席を復活させた観光型ロマンスカーから登山鉄道、ケーブルカー、ロープウェイの新造車はそれぞれが眺望を楽しめる設計がされ、そして最後は海賊船といわば箱根全体が乗り物のテーマパークになったのである。

これによって多くの子どもたちは、観光地ではなく「乗り物」が目的で箱根に来ている。そして、重要なのは単に乗り物を新造しただけでなく、料金体系の整備や企画乗車券のリニューアル、インフラの整備によって、「まわりやすい箱根」にした点であり、特に箱根の特筆すべき点は、交通インフラの充実である。

地方の観光地に公共交通機関で巡るとなると、鉄道やバスが一日で数本のため、事前に精緻な計画を練る必要がある。そのため、行った先では時間が気になり予定外の行動をとる余裕はなく、急かされるあまり、結局、記憶に残っていないケースがあると思う。公共交通が充実していると思う観光地でも一時間に二〜三本という印象だが、箱根に関しては、多いところでバスが一時間あたり十九本もあり、つまり三分に一本と山手線並みのダイヤで運行しているのである。これによって、事前の精緻な計画がなくとも安心して広大なエリアを有する箱根を周遊することができるのである。

小田急による「乗り物のエンターテインメント」

ロマンスカーGSE（70000形）

箱根登山鉄道

箱根登山ケーブルカー

箱根ロープウェイ

箱根海賊船

写真提供：ピクスタ

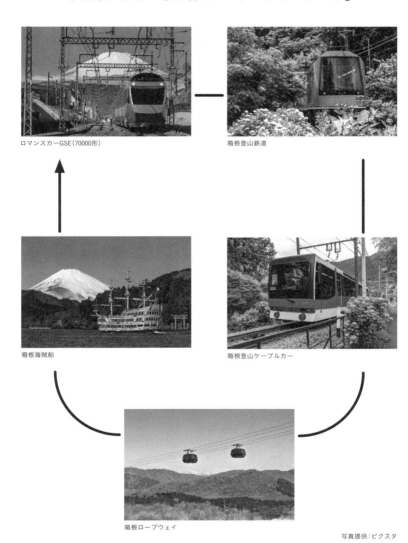

そして、重要なポイントは「寄り道」ができることである。たとえば、鉄道やバスに乗って窓からの風景が素敵だなと思った時に、本当は美術館に行くつもりだったのが、次の駅で降りてみたりとか、駅を降りて歩いている途中に素敵なカフェがあったので寄ってみたりといったことが安心してできる。公共交通が充実していない観光地だと、事前にガイドブックを買って目的地を定め、そこを周遊するための交通機関の時間を調べ、現地では、そのとおり行動するといった「寄り道」をする余白がないのだが、箱根の場合は、ご近所に行くような感覚で「寄り道」ができるのである。

「寄り道」の重要な価値は「サプライズ体験」が内包されていることである。同じ体験でも事前に知っていたコトと想定外のコトでは、どちらの方が喜びの振れ幅が大きいだろうか。それは、いうまでもなく想定外のコト、つまり「サプライズ体験」であろう。この体験がエピソードとなり、それがその土地への強いエンゲージメントと期待となり、再来訪へ誘うのである。

そして、箱根が秀逸な点は、駅で預けると宿泊施設へ手荷物やスーツケースを届けてくれるキャリーサービス、日帰りで来た人が思い立って宿泊ができる当日予約サービス（意外と多いとのこと）、ウェブサイトにて箱根の見どころを市販のガイドブックなみの情報を無料提供している点である。つまり、手ぶらで移動ができ、気になったことはウェブサイトで確認ができ、さらに思い立ったら宿泊することもできるといった、衝動的な「寄り道」を安心・快適にできる仕組みになっているのである。

金野氏が面白いエピソードを紹介してくれた。観光地の来訪者数に比例してその地のガイドブックは売れるのが常なのだが、箱根は約二千万人の来訪者がいるにも関わらずガイドブックが想定ほど売れないと、ガイドブックの編集長に笑いながら怒られたそうである。これは、「ガイドブックが必要のない観光地」を目指した金野氏の狙い通りだったのである。

以上のように、「無駄」を価値にするという視点において三つのポイントがある。

一つは、観光において本来できるだけ省略したい無駄な行動である「移動」にエンターテインメント性を加えることによって、移動手段である「乗り物」が目的になるまで価値を高めた点である。次に、効率よく周遊するという視点においては無駄な行動であるが、本来は旅行の醍醐味である未知の体験に誘う「寄り道」ができる点である。

そして重要な点は、金野氏も指摘されたが、この体験が「不便」であったら駄目だという点である。箱根の場合においても、いくら「乗り物」が楽しいといっても乗り継ぎが悪い、本数が少ないといった不便さがあっては駄目であって、鉄道、バス、ケーブルカー、ロープウェイ、船のスムーズな連携、さらに都心部なみに充実した運行本数、手ぶらで動けるキャリーサービス、無料で取得できる情報が整備されていることによって、安心かつ気軽に「寄り道」ができるのである。つまり、箱根においても「便利に無駄ができる仕組み」が構築されているのである。

最後に、箱根の「負」からの再生がどのような構造でされたかを整理したい。

まず実施したことは、生活者が箱根をどのように認識しているのかを調査より明らかにしたことである。そこで明らかになったことは、売り手側が強みだと信じていた「都心からの近さ」が「旅行している気分にならない」、「エリアの広さ」が「周遊しづらい」、「乗り物」が「面倒」と、それぞれが「負」に認識されていたことである。

これらに対して、バブル崩壊後当時の余裕がない社会背景とそこに潜む都市生活者のニーズを捉え、「そんな状況からロマンスカーを使えば、思い立ったときにすぐにでも抜け出せますよ」というコミュニケーション活動によって、「弱み」であった「近さ」を再び「強み」に変換を行った。ここで重要なのは、都心から箱根までの物理的な距離は何も変わっていないのだが、その当時の都心生活者の心理のなかに隠れたニーズを捉えたメッセージを発信することによって、箱根に行く意味を変換させた点である。

つまり「強み」も「弱み」も生活者の捉え方次第で、どちらにでも転んでしまうのである。箱根の「近さ」も社会の変化、それによる生活者の価値観変化といった「ニーズのゆらぎ」によって、いつの間にか再び「弱み」になる可能性があるのである。だからこそ、金野氏も述べていたが、社会と生活者を察知し続けることが重要なのである。それによって「ニーズのゆらぎ」を認識し、保有するリソースを再評価し、意味転換したメッセージを発信することによって価値が「リノベーション」され続けるのである。

もう一点は、煩わしいと認識されていた移動という「負」において、その手段である「乗り物」にエンターテインメント性を付加し、密な交通インフラを整備することによって、移動自体が目的になるまで昇華させたのである。これは、「乗り物」の価値を単に人という単位を効率的に運ぶといったモノの機能的価値に加え、ポジティブな感情を生み出すといったコトの「感情的価値」にしたのである。さらに、充実した運行本数と付帯サービスによって、安心・気軽に「寄り道」できるといった箱根ならではの体験を創ったのである。これが、「便利に無駄が楽しめる仕掛けづくり」である。

このように、「意味転換」「価値の昇華」「便利な無駄」によってそれぞれの「負」を価値へと変えていったのである。

価値ある「無駄」のつくり方

最後に、価値ある「無駄」のつくり方について整理したい。

(一) 人間が介在できる「隙間・余白」を

この「隙間」「余白」があることが前提となる。人間が介在する「隙間」「余白」とは、何かを達成するために、自らがあれこれ「どうすれば上手くできるのか?」と考える思考活動、「手に触れる、歩く」といった身体活動を必要とするといった余地があるかである。つまり「能動性」を引き出す「手間」である。既成の商品で他社に比べ「便利」という視点で劣り手間がかかる機能があった場合、逆に「価値ある無駄」を提供できる可能性のあるものだといえる。

(二) 没頭できる「仕掛け」を

この「隙間・余白」を埋めるための思考・身体活動に没頭できればできるほど、「無駄」による価値は高まる。重要な点は、「手間」をかけて得る体験に価値があるのかどうかである。その結果だけを価値とした場合は、「便利」を採用した方が、効率的でより良い成果がでるケースもありうるため、その「手間」といったプロセスから得られる価値が創れるかどうかである。それがウェルビーイングといった「幸福価値」である。その一つがセリグマンのいう「エンゲージメント」であり「没頭体験（フロー体験）」である。没頭できればできるほど、嬉しいといったポジティブ感情と達成が増幅されるのである。そのため、「謎解きイベント」のように、そのプロセス自体にエンターテインメント性、ゲーム性といった楽しさがある仕掛けが必要なのである。

（三）人とのつながりができる「仕掛け」を

これも（二）と同様に、プロセスに価値を創ることである。無駄を楽しむ消費行動の事例として、「アウトドアライフ・キャンプ」「謎解きイベント」「ミールキット（手作りキット）」を紹介したが、共通している点は、他者との「つながり」を生み出している点である。これは、ウェルビーイングの根幹をなす「関係性」である。成果を出すためのプロセスにおいて共同で行った方がお互いのためになるといった「互助」の仕掛けであったり、共同で行わずとも同じ「手間」を経験した者同士の「共感」が交わる場をセットすることによって、既に知り合いになっている者同士の「関係性」がより深化されたり、新たな「関係性」の構築ができるのである。特に、知らない人に話しかけることは、多くの人が躊躇するだろう。しかしながら、趣味や抱えている課題といった共通項が予め分かっており、また同じ体験をしたという共感があれば、そのハードルは格段に下がり、多くの人が新たな出会いを享受することができるのである。そして、ゆるやかなコミュニティが形成され、ウェルビーイングな人生をおくることができるのである。

(四) 偶発的・想定外な気づき・出会いがある「仕掛け」を

「便利」とは、課題をインプットすると「解」が即座にでるといった手間やプロセスを省くことである。これは、もちろん素晴らしい益であり、タスクを生産性高く遂行するうえでは、使わない手はないし、使うべきである。しかしながら、新聞、辞書、地図、時刻表を例として紹介したが、「便利」だけを採用していると知らないうちに「閉ざされた世界」に住むことになってしまう恐れが内在しているのである。そこで「寄り道」という仕掛けが「世界を拡げる」という価値を生むのである。「寄り道」といった非計画な行動が、思いがけない発見・出会いを生み、サプライズが故にポジティブな感情を増幅するのである。観光の場合には、それがエピソードとなりその土地への強いエンゲージメントを助成し、再来訪を促すのである。また、新聞や辞書、地図といったアナログなモノにおいては、目的から寄り道して偶発的にみつけた出来事や言葉に興味をもつことに楽しさを感じることによって、習慣的に手に取るものになるのである。つまり、寄り道ができる動線づくりが重要なのである。

（五）お膳立てによって「便利に無駄」を

最後に重要な点が「便利に無駄」である。これがないと、高い市場性には成り得ない。あえて「無駄」なことをするうえで、最も必要なのは「時間」である。「手間」をかけるということは「遠回り」することであり、当然そこには時間がかかるのである。たとえば、料理にしても、素材から育てるということを嗜好する人もいるとは思うが、それが実際にできる人は限られるだろう。つまり、「無駄」による市場性を高めるためには、より多くの人が体験できるようにしなければならない。そのための仕組みが「便利に無駄」なのである。アウトドアでのスノーピーク、謎解きイベント、手作りキット、箱根とどれも安心・気軽といった便利に、「不便」「手間」といった「無駄」を楽しめる仕組みになっているのである。つまり、人が介在する「隙間」「余白」の幅を「ひと手間・ふた手間」程度で埋まるように設計し、また埋めるための「手引き書」を提供することが重要なのである。「無駄」でマーケティングするうえでは、ターゲットとする消費者に合わせた「無駄の程度」の設計が必要なのである。

以上、価値ある「無駄」のつくり方を整理した。高度に便利を享受できる現代社会だからこそ、それに対する「ニーズのゆらぎ」としてあえて「手間」や「不便」といった「無駄」を求める消費者の行動が新たな市場を創っていることが分かっていただけたと思う。今後もさらなる技術の進歩によって「便利」が加速する未来が予測できる。であれば、「人間が何もしなくてもよい、しない方がよい」という社会になるシナリオも充分描けるだろう。そして、ますます「あえての無駄」を求める、つまり「人間回帰」のモノ・コトがさらなる大きな市場を生み出すことも充分可能性がある。もし、現時点で技術の進歩からは時代遅れになっているモノ・コトがあれば、「ニーズのゆらぎ」を察知し、「価値ある無駄」となるリソースにならないかと再評価してみてはいかがであろうか。

第三章
無が価値になる

～モノ・情報・つながりを断つ消費行動と「いすみ鉄道」の再生を事例として

阿房《あほう》と云ふのは、人の思はくに調子を合はせてさう云ふだけの話で、自分で勿論阿房だなどと考へてはゐない。用事がなければどこへも行つてはいけないと云ふわけはない。なんにも用事がないけれど、汽車に乗つて大阪へ行つて来ようと思ふ。

内田百閒『阿房列車』旺文社文庫（一九七九）、七頁

「モノ」への価値観の変遷　―日本の消費社会を振り返る―

ここでの「無」とは、「モノが無い」「情報が無い」といった状態として考察していきたい。昨今、人々の消費行動が「モノ」から「コト」へと変わったといわれているが、それは「モノ」への態度が変容しているのであって、現在においても「モノ」を使用することにおいては普遍的なことである。では、どのように「モノ」への態度が変容してきたかを大正時代から現在まで振り返ってみたい。

大正時代から太平洋戦争前までにおいては、東京といった大都市の人口増加とともに消費も拡大し「大衆消費社会」が誕生、それは同時に「大量生産時代」の幕開けであった（三浦二〇一二、一五－一六頁）。「大衆消費社会」の幕開けを象徴する出来事としては、一九二九（昭和四）年に大阪・梅田の阪急百貨店と東京・新宿三越を皮切りに、銀座三越・浅草松屋・新宿伊勢丹・日本橋高島屋・渋谷東急東横店と数多くの百貨店が開店したことが挙げられる。「大量生産時代」という面では、東京電気（東芝の前身）が「マツダランプ」の量産化に成功、森永製菓が「ミルクキャラメル」「ドライミルク」、江崎商店（現・江崎グリコ）が「グリコ」販売を開始したのもこの頃である。また、メディアにおいては一九二五（大正十四）年に東京放送局が日本初のラジオ放送を開始、七年後の一九三二（昭和七）年にはラジオ聴取契約数が一〇〇万件を突破している。このように、明治維新後の国家近代化による文明の恩恵を国民が享受されはじめ、生活文化が芽生えたのがこの頃といえよう。しかしながら、一九四一（昭和十六）年に開戦した太平洋戦争によって、国民は国家のための消費を強制され、その敗戦によってすべてを失うのである。

一九四五（昭和二十）年に終戦となるが、戦後の日本は「無」になったといえよう。空襲にあった都市の国民は、戦前の文明的な暮らしから家も食糧も無いといった極限状態になったのである。有名な「マズローの欲求段階説」に当てはめると、人間の根源的な欲求である第一段階の「生理的欲求」（食欲など生きていくために必要な基本的・本能的な欲求）と第二段階の「安全欲求」（安心・安全な暮らしへの欲求）を満たすのに精一杯の状況になったのである。この時代は「生きるためにモノを求めた時代」だったといえよう。

しかしながら、その後日本は復興を遂げ、一九五〇年代に入ると高度経済成長期を迎え、一九六〇（昭和三十五）年には「所得倍増計画」が閣議決定されるのである。この時期の有名なモノが、一九五〇年代後半（昭和三十年代前半）の「三種の神器」といわれる冷蔵庫・洗濯機・白黒テレビであり、一九六〇年代半ば（昭和四十年前後）の「新三種の神器」「３Ｃ」といわれるカラーテレビ・クーラー・カー（自家用車）である。

この時期は、東京等の都市部への人口集中が加速化し、人口のボリューム層であった団塊世代が夫婦と子どものみの世帯といった「核家族」を形成、この「核家族」をターゲットとした家電製品に代表される大量生産品が全国的に普及し、国民は「一億総中流」と呼ばれる時代となった。

この時代の消費の特徴としては、「一家に一台」といったように、家族単位での「モノ」の所有であった点である。これらの「モノ」の所有は、日々の生活を快適・便利にするとともに、「中流」としての証でもあり、社会への帰属意識を満たすものだったと考えられる。言い換えると、「均一化された家族消費」を「大量生産されたモノ」が満たしていた時代といえる。

社会・世代・家族・消費・都市問題の書籍を多く執筆している三浦展《みうらあつし》氏は、この時代に消費の中心であった団塊世代に「もっと大きな物を買い、私有することが幸せだという価値観が心に刷り込まれた」（三浦二〇一二、三八頁）と述べている。


しかしながら、このような日本経済の成長・拡大を背景とした大量生産・大量消費時代は、一九七三（昭和四十八）年の「第一次オイルショック」により始まる低成長時代への突入、それによる生活者の価値観の変化によって、新たな消費の時代へと変貌していくのである。

それは、今まで「家族」という単位での消費が「個」という単位への変化である（三浦二〇一二、二八頁）。これは、家族（世帯）においては物質的な豊かさがある程度満たされた点と、働けば働くほど収入が上がり、それが家族の幸せという図式が崩れた点が考えられる。またこの頃から、専業主婦だった女性が夫の収入減を補塡《ほてん》するためにパートに出ることによって、世帯の中に「個」の財布が生まれたのである（三浦二〇一二、四五頁）。これによって所有は、「一家に一台」から複数台へとなり、家族それぞれが自分の部屋に一台をもつようになりはじめたのである。

また、従来は世帯のステータスとして「モノの大きさ」がその基準であったが、自らの「個性」を表現するために、より「他人と違うモノ」「差別化されたモノ」を求めるようになるのである。それが、「ブランド志向」「デザイン志向」となる。つまり「記号的価値」を「モノ」の価値とする消費行動が生まれたのである。

この「記号的価値」による消費行動の特徴は、「私有」による他人との「差別化」である。つまり、「この車や服をもっている私って素敵でしょ」といったモノのもつブランド価値が他者との違い「ステータス」を象徴する記号となり、これが自らの「承認欲求」を満たすといった消費行動なのである。ここでのポイントは、その「モノ」をどう使いこなすかということより「私有」することに価値があり、他者との比較によって満足が得られるという点である。その絶頂を迎えるのが一九八六～一九九一（昭和六一～平成三）年の「バブル景気」である。

しかし、この消費価値観は「バブル景気」の崩壊によって終焉を迎えるのである。もともと、この他者との比較によって得られる満足感は、非常に不安定で持続性の低いものだといえる。なぜなら、他者との比較は、際限がないためである。ある人に対しては優位であっても、別の人には劣ったり、最先端な「モノ」を私有し、その瞬間は優位であっても、さらに新しい「モノ」が世に出ると、私有している「モノ」は自己承認を満たす価値がなくなり、劣後になるからである。また、この消費行動が可能な前提としては、際限のない消費に掛けられる経済力である。しかしながら、多くの消費者が「バブル景気」の崩壊によってこの前提を失ったため、新たな価値を求める消費行動が生まれるのである。それが「モノ」に依存しない「内面」への消費行動である。つまり、バブル崩壊以前に芽生えていた「個」への消費が、経済的な理由によって「私有」ができなくなったため、「自己研鑽」といった「内面」への消費へと移行したのである（三浦二〇一二、一二九頁）。たとえば、自己啓発・資格取得・稽古事といった学習への消費や、フィットネス・トレーニングといった肉体への消費である。

また、他者との比較「差別化」に潜在的な疲れを感じていた消費者に、東日本大震災がきっかけとなって顕在化したのが「つながり」への消費である。コロナ禍でもそうだが、今までの当たり前だと思っていた生活を覆す出来事に直面すると、社会や他者との「つながり」の重要性を再確認することとなり、家族・友人との交流や、新たな人との出会いがある場での消費が活発になるのである。第二章で紹介したアウトドアもその一例だろう。

一方、モノに対しては、「記号的価値」を求める意識、つまり「どこの何」を私有していることが重要ではなくなり、「自己研鑽」や「つながり」に「使える」ことに価値を求めるようになったのである。これによって、生まれたのが「シンプル・カジュアル志向」である。

また、「使える」のであれば、「私有」でなく「共有」で充分といった概念が「シェアリングエコノミー」へとなる。総務省の『情報通信白書』（二〇一五）によると、「シェアリングエコノミー」とは、「典型的には個人が保有する遊休資産（スキルのような無形のものも含む）の貸出しを仲介するサービスであり、貸主は遊休資産の活用による収入、借主は所有することなく利用ができるというメリットがある」とされている。

シェアリングエコノミーには、車といった「モノ」、育児や調理といった「スキル」、空き地・空き家といった「場所」のシェアがある。「シェア」の取引は、「私有」の「モノ」「スキル」「場所」を「貸す」「借りる」といった取引のため、お互いの「信頼関係」が必要となる。そのため、「貸す」「借りる」双方のプロフィールや評価の「見える化」が必要となり、その結果、「シェア」を媒介し「つながり」が生まれるのである。つまり、この「シェアリングエコノミー」の本質たる価値は、「共有」を通じての「つながり」なのである。

このような消費価値観を後押ししているのが、現在のデジタルネイティブともいわれる若者である。彼らは、生まれた時にはインターネットや携帯電話が普及しており、現在、誰しもが当たり前に使っているデジタル製品・サービスの基本が既にあった状態であったといえよう。ＩＴ批評家の尾原和啓《おばらかずひろ》氏は、この世代を生まれたときから「ないもの」が無く、だから何か欲しいと

「乾けない世代」(尾原二〇一七、四頁)と称している。そして、今後の大きな経済的な成長が見込めないことを悟っている彼らは、「達成」やそれによる「快楽」ではなく、「人との関係性」「意味合い」「没頭」に幸福の意味を置いているとも述べている(三九頁)。

以上のことが要因となり、「私有」することを目的とした消費が薄れてきているのが現在なのである。

高度情報社会の弊害　―溢れる情報量とつながり―

ここまで、現在の「モノ」に対する「私有」意識の低下について述べてきた。

次に、「情報」に対する態度と消費について述べていきたい。バブル崩壊後における大きな変化は世の中で流通している「情報量」である。これは、一九九五（平成七）年以降の「IT革命」と呼ばれる「インターネット」の商業化の加速によるものである。

少し歴史を振り返ると、一九九五年に「ウィンドウズ95」（日本語版）が発売されPCブームが爆発、翌年にはヤフーが日本語での情報検索サービス「Yahoo！ JAPAN」を開始、その翌年にはインターネット・ショッピングモール「楽天市場」がオープン。さらに一九九九（平成十一）年にNTTドコモが「iモード」サービスを開始、高速インターネットサービスの定額制サービスが開始、そして二〇〇八（平成二十）年アップルの携帯電話「iPhone」が日本でも発売された。

そして、革命的だったのがSNSの誕生である。代表的なものを挙げると、LINE・Twitter・Facebook・Instagramといったものである。これらによって、場所と時間の制約を受けずに利用者同士がコミュニケーションをとることが可能となり、さらに基本的な機能は無料で利用できるため、一人の消費者が取得する情報は莫大に増えたのである。

どれだけの情報量が世界に流通しているかを、『ファンベース』の著者である佐藤尚之氏は、「世界中の砂浜の砂の数より多い情報が世の中に流れている」(佐藤二〇一八、六一頁)と表現している。これは、アメリカのIDC社の調査を引用しての表現だが、これによると二〇一一年の段階で世界中の砂浜の砂の数(一ゼタバイト)より多く、二〇二〇年には、四五ゼタバイトが流れると予測されている。つまり、想像が不可能な数の情報が世の中を流通しているということである(六一頁)。

では、情報の受け手である消費者の情報処理量はどうであろうか。少し古いデータだが、総務省の情報通信政策研究所が実施した情報流通に関する調査において、流通量と消費量を比較した分析がある(図3－1)。

これをみると、情報流通量は爆発的に増加している一方、情報消費量はほぼ横ばいであり、その差は年々拡大しており、現在はさらに拡大しているものと考えられる。つまり、情報量はITの進化とともに増加が加速している一方で、消費者の情報処理能力は今も昔も変わらないのである。このように人間の能力をはるかに上回る情報量が流通している環境に晒《さら》されていることに対して、これまで存在しなかった新たなストレスが生じてくるのは当然のことだと思われる。

その代表的なのが「携帯電話（スマートフォン）依存」「SNS依存」である。どこまでを依存というかは議論の余地があると思われるが、たとえば、スマートフォンを自宅に忘れて出掛けてしまい、SNSでの情報をチェックできないため、一日中不安な気持ちでいる状態は、すでに軽い依存状態にあるといえよう。日常の風景でも、通勤・通学の電車のなかといった隙間時間にスマートフォンで情報を慌ただしくチェックし、何かしら入力をしている人を多くみかける。そういった意味では、すでにスマートフォン・SNSなしでは、日々を安心して暮らせない人は決して少なくはないと思われる。なぜなら、現在において、このようなコミュニケーションツールがないと、日常の人間関係を維持することが難しいからである。

SNSは、いつでもどこでも即座に他者とコ

図3-1　流通情報量と消費情報量の推移

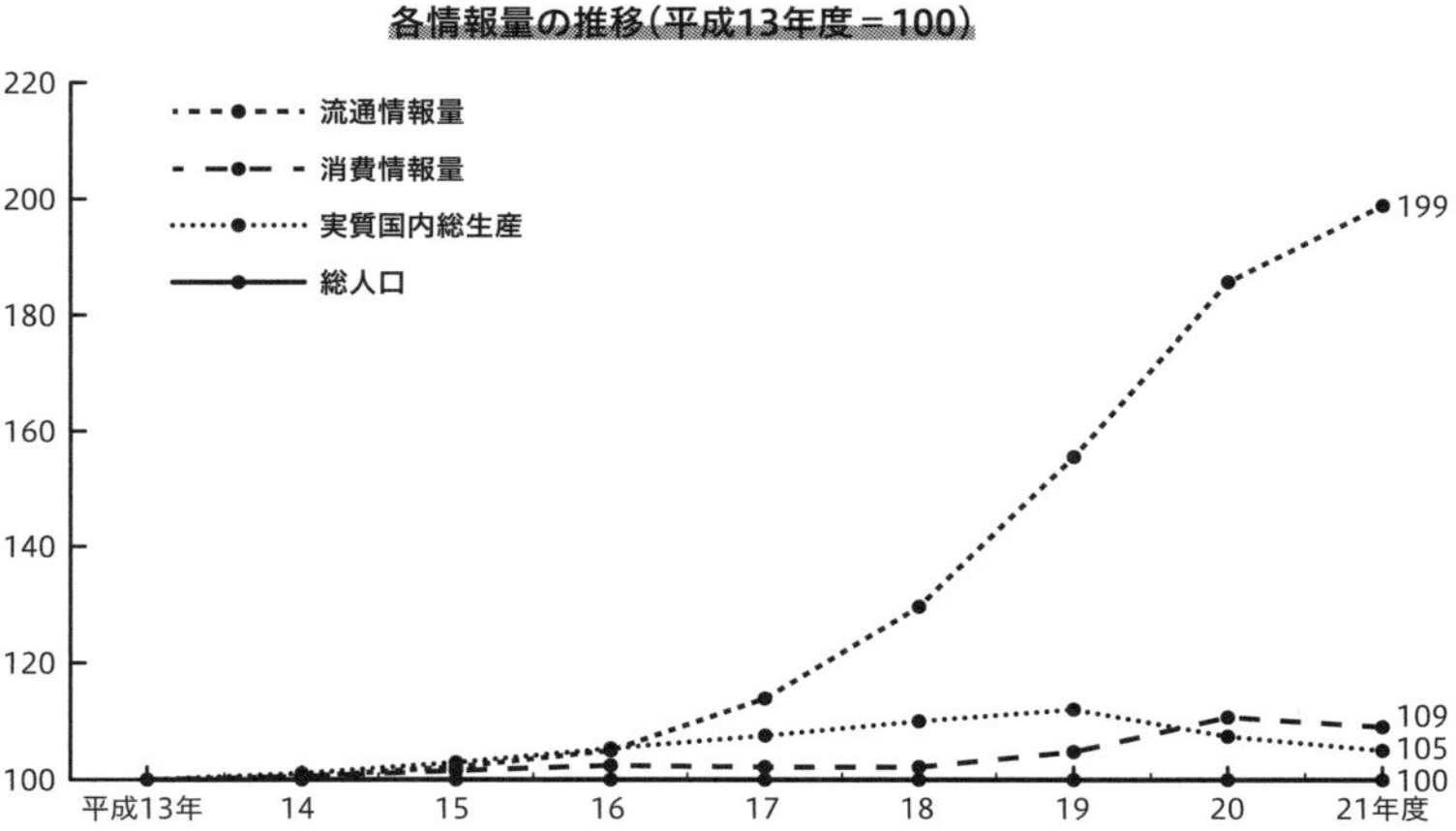

出所：総務省情報通信政策研究所調査研究部（2011）2頁を一部修正のうえ引用。

ミュニケーションがとれるため「つながり」が保てるという点においては益があるものである。SNS誕生以前においては、進学・就学といったライフステージの変化毎に、そのステージで培った「つながり」が途絶えてしまうケースが多くあり、いわば「消費型のつながり」であったが、このツールを使えば、現在の「つながり」が将来もつながり続けられるといった「ストック型のつながり」ができるようになったのである。つまり、同時に複数のコミュニティを保持し続けることができるのである。また、従来は会えることがなかった人にも出会うことが可能になり、人的ネットワークが無限に広がる可能性があることも益といえよう。

一方で、この人間関係が常時接続状態にあることによる弊害も存在する。それは「不安感情」を煽るという点である。社会学者の鈴木謙介氏は、「携帯電話への依存は、現在孤独であるかどうかという状態の問題ではなく、『孤独であると気づくのが怖い』『他人から孤独だと見られることが怖い』という不安感情の問題なのではないかということだ。（中略）携帯電話依存を生み出しているのは、孤独になる恐怖ではなく孤立する不安だということだ」（鈴木二〇一三、六九頁）と述べている。

そして、鈴木氏が実施した調査によると、友人に対して独立心をもたない学生ほど、携帯メールへの依存傾向が強いということも明らかになっている。具体的にいうと、「いつも仲良くしている友人が、もしかしたら、他の誰かと自分以上に仲良く遊んでいるのではないか」「グループで自分だけ誘われていないのではないか」といった不安であり、この不安を解消するために「つい」頻繁に連絡をしてしまうということである。いわば、双方がお互いを監視している状態といえよう。

コンピューター科学者でジョージタウン大学のカル・ニューポート准教授は著書『デジタル・ミニマリスト』で、つながりを求めてしまう人間の脳の仕組みを紹介している。これによると「人間の脳は、認知の休止状態に入ると、自動的に社交生活について考え始める」（ニューポート二〇一九、一六二頁）というものであり、「つながりたがりの脳」なのである。つまり、自宅や通勤、通学などにおいて一人で「ぼーっ」としている時間ができると、この「つながりたがりの脳」によって自分の友人について「あいつは今、何しているのだろう」と考えはじめ、それから「他の誰かと仲良く遊んでいるのではないか」と勝手に不安が煽られ、SNSを使って「つい」連絡してしまうのである。鈴木（二〇一三）は「ソーシャルメディアは個人の孤立感を強く煽る設計になっている」（七七頁）と指摘している。

そのキーとなるのは、SNSに備わっている「いいね」や「既読」といった相手の反応がみえる機能である。この機能によって、反応が無い場合、自分の投稿が相手に「引かれているのではないか」という不安に駆られることとなる。そして、引かれないために「空気を読む」という圧力がかかる。これによって、SNS特有の生まれたメッセージのスタイルが、鈴木（二〇一三）は「ほのめかし」（八三頁）であると指摘している。この「ほのめかし」とは、思わせぶりな独り言であり、「他者に見られることを前提に自分について書くことで、他人から見られる自分を演出し、そのことで安定的な自己像を獲得している」（九三頁）行為である。これは、みて欲しいようにみてもらっているかどうか不安という心理状態から生じるのである。

一方、受け手の立場になったときには、どう反応を取るべきかと頭を悩ませる思わせぶりな「ほのめかし」や、自分以外の人と盛り上がっていると思われる投稿に対して、「仲間はずれ」にならないために即座に反応し続けるのである。このようにして、SNSへの依存サイクルに飲み込まれるのである。筑波大学の土井隆義教授は著書『つながりを煽られる子どもたち　ネット依存といじめ問題を考える』において、ネットを介したコミュニケーションは「付きあう相手を勝手に選べる自由は、自分だけでなく相手も持っています。だから、その自由度の高まりは、自分が相手から選んでもらえないかもしれないリスクの高まりとセットなのです」（土井二〇一四、一三頁）と述べている。このような状態にストレスを感じないわけがないだろう。他者とのコミュニケーションにおける障壁となる時間・場所を取り払い、「つながり」の可能性を拡げてくれたツールが、逆にストレスを生じさせているのは皮肉な話である。

ニューポート（二〇一九）は、これらの多くのツールには、ユーザーが抜け出せないように人間の本能・欲求を利用した巧妙な設計がされていると述べている（三七頁）。それが「間歇《かんけつ》強化」と「承認欲求」である。あまり聞きなれない言葉かもしれないが「間歇強化」とは、決まったパターンで報酬が与えられるよりも、予期せぬパターンで与えられた方が快感を司《つかさど》る神経伝達物質ドーパミンの分泌量が多くなるため、喜びが増すことである。いわゆるギャンブルにはまるのは、このためである。SNSは、自分の投稿に反応があるかどうかはどこにも絶対の確約はないため、いわばギャンブルなのである。そのため、反応があった場合、忘れえぬ快感となり、そして、他者から認められたいという「承認欲求」と相重なり、依存度が増していくのである。

もう一つ、現代のウェブ社会のゆがみとして鈴木（二〇一三）は「空間的現実の多孔化と非特権化」（一三七頁）があると述べている。

「空間的現実の多孔化とは、現実の空間に付随する意味の空間に無数の穴が開き、他の場所から意味＝情報が流入したり、逆に情報が流出することであり、非特権化とは、多孔化した現実空間においては、同じ空間に存在している人どうしが互いに別の意味へと接続されるため物理的空間の特権性が失われること」（一三七頁）と述べている。これは、モバイル端末の普及によって、いつでもどこでもコミュニケーションが可能になったことで、従来は現実の空間を占有していた者たちに対して、突然、その空間に「孔《あな》」が空《あ》くが如く、その空間にいない他者からの情報が舞い込んでくるという現象であり、その結果、現実に対面している者同士だけの独占空間ではなくなるということである。

これは、日常の多くの場合でみられる現象であろう。たとえば、友人が二人で食事をしている最中も、頻繁にスマートフォンをみては何かを打ち込んでいる人を多くみかける。つまり、現実空間における相手は一人だが、実は複数の人と同時にコミュニケーションをとっている状態なのである。これをされた側の人は、表面的には許容する態度をとる場合が多いかもしれないが、親しければ親しいほど内心は気になるだろうし、場合によっては喧嘩のきっかけになるだろう。ただし、する方も悪意は無く、舞い込んできた投稿に対して反応をしないと不安なだけなのである。

また、「役割の混乱」というケースもあるだろう。たとえば、会社で部下と一緒の空間にいる際に、家から電話がかかってきて、「何事か」と出ると幼い我が子がかわいい声で「元気?」「まだ帰ってこないの?」と話しかけられ、会社での上司の役割と家での親の役割とで混乱するというケースである。つまり、何かしらの役割が期待される空間に突然「孔」が空き、別の役割が期待されることによる混乱である。

これは、コロナ禍での緊急事態宣言下(二〇二〇年四~五月)において、はじめて自宅でリモートワークをされた多くの方が実感されたことであると思う。つまり、自宅という本来は「夫・妻」「父・母」という役割をする空間に、「職」という役割が持ち込まれたことによる混乱である。当然、その役割の境界は曖昧なものとなり、切り替えが難しいと多くの人が思ったことだろう。このように、本来は「役割」ごとに「空間」を切り替えた方が、余計な混乱がなく集中することが可能となり生産性が高まるとも考えられる。

以上、膨大な情報流通量がそもそも人間の処理能力をはるかに凌駕しているという背景のもと、SNSの「常時接続状態」が「孤立不安」を煽ることによる「依存性」、空間の独占性の喪失による「役割の混乱」といった弊害が生じていることを述べてきた。

次に、このような「モノ」「情報」に溢れた現代社会のゆがみ・ひずみによる「ニーズのゆらぎ」から生まれた新しい価値観・消費行動を紹介したい。

「無」を求める新しい価値観　―ミニマリストという生き方―

「ミニマリスト」という言葉をお聞きになったことはあるだろうか。数年前より、注目されはじめた言葉だが、「モノをもたない人」のことを想起する方がきっと多いだろう。しかしながら、単なるモノをもたないという行動スタイルではなく、ミニマリストの本懐は「生き方」だとされている。

自らもミニマリストの実践者である佐々木典士《ささきふみお》氏は、ミニマリストとは「単に部屋がスッキリして気持ちいいとか、掃除がしやすいとか表面的なメリットだけじゃなく、もっと本質について。つまりどう生きるか、誰もが求めてやまない『幸せ』を、自分の頭で考えなおしていくこと」（佐々木二〇一五、二六―二七頁）であり、「本当に自分に必要なモノがわかっている人」「大事なもののために減らす人」（四七頁）であると述べている。つまり、「幸福」に生きるためのモノへの態度なのである。ミニマリストの対局が「マキシマリスト（最大限主義者）」となるのだが、ここで改めて「私有」と「幸福」の関係を考えてみたい。

第二章「無駄が価値になる」でも紹介した慶應義塾大学大学院で幸福学を研究している前野隆

司教授は、人は他人との比較で幸福と感じる傾向をもっているが、この他者との比較による幸せは長続きしない幸せだと述べている。人の「財」には「地位財」と「非地位財」の二つに分けられ、「地位財」とは所得、社会的地位や物的財といった、周囲との比較により満足を得るものであり、個人の進化・生存競争のために重要なものとされている。一方、「非地位財」は健康、自主性、社会への帰属意識、良質な環境、自由、愛情といった他人との相対比較とは関係なく幸せが得られるものであり、個人の安心・安全な生活のために重要であるとされている。そして、幸福の持続性は「地位財」の方は低く、「非地位財」の方は高いとされているのである（前野二〇一三、七一－七二頁）。

確かに、他者との比較による幸福は、非常に儚《はかな》く、脆《もろ》いものである。たとえるなら、誰かに対しては勝っていても、「上には上がいる」という言葉のとおり、際限のない、いわばゴールのない競争をしているようなものである。この優位性を分かりやすく他者に伝える記号となる行為がモノの「私有」なのである。しかし、この「私有」において最も幸福を感じるときは、そのモノを手に入れたときであり、多くの場合は時間の経過とともに減少していくのである。

よって、「私有」という「地位財」による幸福の持続性は低いのである。それにも関わらず、この「私有」での比較による幸福を追い求めていくと必要以上のモノを追い求めてしまい、本当に大事なことを見失っていくため、必要なモノを見極め最小限の「私有」で暮らすことによって「幸せとは何か」を問う生き方がミニマリストなのである。

佐々木は、以前は「モノを追い求めるマキシマリスト」であったと告白している。その当時を「必要なモノは全部持っていたのに、自分に足りないモノばかりに目がいっていたので、ちっとも幸せではなかった。あれを手に入れさえすれば自分は幸せになれるのに。あれがないせいで自分は幸せでない」（佐々木二〇一五、四二頁）という発想だったと述べている。そして、自らの価値を伝えるためにモノを増やしていくあまり、自らの価値がモノそのものになり、モノを自分自身だと勘違いしてしまうのだと述べている（九三頁）。

臨済宗大徳寺派香林院住職の金嶽宗信《かねたけそうしん》氏は「所有とはすなわち執着である」と述べている。「物を『持ちたい』と思うこと自体が執着なのに、物を持ってしまうと、さらにそこに『所有』することで生まれる執着がついてくるからです。（中略）持っている物に付随して、次から次へと、いろいろな執着が発生していくことです」（金嶽二〇一八、五五・五七頁）と述べている。

多くの人が「モノ」を捨てられない原因はこの「執着」なのだろう。この「執着」の結果、部屋の限られた空間に不必要なモノが溢れかえり、自分の稼働領域が制限されることによるストレス、必要なときに必要なモノがみつからないストレス、掃除が面倒といったストレスと様々なストレスが蓄積されることによって、本来最も落ち着くプライベート空間であるべき自分の部屋が、ストレスをため込む場所になってしまうのである。数年前の、作家・やましたひでこ氏の著書『新・片づけ術　断捨離』（二〇〇九）や近藤麻理恵氏（通称：こんまり）の著書『人生がときめく片づけの魔法』（二〇一〇）のヒットは、負のスパイラルを断ち切りたいというニーズを潜在的にもった人が多かったことを証明しているだろう。

このような「私有」しない生き方は、「シェアリングエコノミー」の発展と普及によって、実践の障壁は格段に低くなったといえる。つまり、モノは必要なときに他者から借りれば良いし、逆に必要でないときには他者へ貸せば良いという「互助」の仕組みである。これは経済合理性が高いとともに、これもまた生き方でもある。つまり「私有」による比較での幸福ではなく、利他の精神に基づく「互助」によって成立する仕組みであり、他者との「つながり」や社会への「帰属意識」といった幸福持続性の高い「非地位財」となるのである。

昨今では、この「モノ」を「情報」に置き換えた「デジタル・ミニマリスト」という概念も登場している。ニューポート（二〇一九）は、「デジタル・ミニマリズムとは、自分が重きを置いていることがらにプラスになるか否かを基準に厳選した一握りのツールの最適化を図り、オンラインで費やす時間をそれだけに集中して、ほかのものは惜しまず手放すようなテクノロジー利用の哲学」（四八−四九頁）と述べている。つまり、部屋のなかから必要なものを厳選するのと同様に、スマートフォン・タブレットといった私有するデジタルデバイスのなかから本当に必要なアプリやサービスといったツールを厳選するということである。この行動を「デジタル片づけ」（八一頁）とも称している。

この「モノ」「情報」の共通していることは、両方ともあればあるほど時間コストがかかるという点である。あまりに多くの「モノ」や「情報」で自分の時間や注意が注がれている場合、その一つひとつのメリットの積み重ねは、かけた時間コストの総和に対して割が合わない場合が多いのである。

ここで重要なのは、「モノ」「情報」を否定するのではなく、自分にとっての「ツール」として最適化を図ることである。前述のシェアリングエコノミーも技術の発展によって生まれたツールによって可能になったものである。このサービスを受けるためのアプリは、「ミニマリスト」という生き方を持続させるためには必要不可欠なものなのである。これは「モノ」も同様である。つまり、「モノ」「情報」「つながり」を一切断ち切った世捨て人のような暮らしをするのではなく、「ミニマリスト」も「デジタル・ミニマリスト」も自分が幸福に暮らすために、「モノ」「情報」そして「つながり」を見極め、「無」を通じて「有」の最適化を図るライフスタイルなのである。

今こそ、「無」を求める　―「モノ」「情報」「つながり」を断つ新たな消費行動―

次に、「無」を求める新たな消費行動とそれに応えるサービスの事例を紹介したいと思う。

【多拠点生活　―家へのしがらみを断つ―】

アドレスホッパーという言葉を聞いたことがあるだろうか。これは、賃貸・持家問わず特定の住居をもたず、土地を移動しながら暮らす人・生き方のことである。様々な場所を移り住むため、当然、私有する「モノ」は最小限となる。いわば「モノ」だけでなく「家」も保有しない究極の「ミニマリスト」といえよう。

「アドレスホッパー」の生みの親といわれている市橋正太郎氏は、自ら代表を務めるAddress Hopper Inc. のホームページでビジョンを以下のように掲げている。

「アドレスホッパー」という生き方がある。

それは、一拠点での定住にこだわらず、移動することを中心に生活するスタイル。家を持たずに毎日転々とする者もいれば、各地に家を持ち、多拠点居住を楽しむ者もいる。そこに共通しているのは、その土地の人や文化と交わり、自らの世界の拡張を楽しむ精神。暮らしと旅の間に境界線を引かず、様々なコミュニティを移り渡っていくことで、価値観をかき混ぜ、社会にポジティブな変化をつくっていく。

今はまだ生まれたばかりの存在だが、未来には必ず、バックパッカーやフリーランスのように、人生の一つの選択肢になる。

だからこそわたしたちは、先駆けた実践者として、思考や経験、可能性を伝えていくことで、アドレスホッピングという新たなカルチャーインフラを、世界中に広げていきたい。

つまり、移動の制約となっていた私有する「場」を取り払い「無拠点」だからこそ、しがらみなく可能な生き方であり、その土地その土地で新たな「つながり」を創り続けウェルビーイングな暮らしを目指す生き方なのである。

このような生き方を可能にしているのが、ADDress（株式会社アドレス）の「定額全国住み放題」プラットフォームサービスである。これは、月額四万円から全国五十拠点以上（二〇二〇年六月現在）の「家」に住み放題というサービスであり、「別荘」や「空き家」といった「私有」する稼働率の低い「家」を有効活用したい人と、多拠点で暮らしたい人をマッチングする「シェアリングエコノミーサービス」なのである。

このサービスの要は「家守」といわれる各拠点の管理者である。この「家守」は、地域との交流やその土地ならではの体験をコーディネイトする、いわば「コミュニティマネジャー」なのである。「つながり」が「ウェルビーイング」の根幹であることは第二章「無駄が価値になる」でも述べたが、多くの人は、初対面の人と話すことに心理的障壁を感じるだろう。しかしながら、このような「コミュニティマネジャー」が介在することによって、その障壁は取り除かれるのである。そして、土地へのしがらみがないが故の「ゆるやかなコミュニティ」に「複数」帰属することができるのである。

この「複数」というのがポイントとなる。単一のコミュニティへの依存度が高い場合、そこでの関係に不都合が生じた場合、一気に孤立し不幸となってしまうが、複数に帰属していれば、そのリスクは回避できるのである。また、自然災害が全国で多発している現在、一カ所の土地・住居に依存していることは生存リスクになる可能性があるが、複数あれば避難や疎開することもできるのである。つまり、複数拠点をもつことによるリスク分散によって心身ともに安心・安全な生活が可能になるのである。

このようなライフスタイルの市場性は、一般社団法人不動産流通経営協会（ＦＲＫ）の調査によると、複数拠点生活の実践者は約六一七万人、意向者は約六六一万人の市場ボリュームがあると推計している。これは、特定の家・土地への執着をもたず、移動しながら「つながり」をつくるといったライフスタイルへの一定のニーズがあることを示している。そして、今まで移動範囲の制約であった「出社」が、コロナ禍による「リモートワーク」の普及によって解消されることで、さらに市場性は高まることが予測できるのである。

【デジタル・デトックス　—情報を断つ—】

日本全国で宿泊施設等を運営している株式会社星野リゾートの日本発滞在型リゾートブランド「星のや」において、「脱デジタル滞在」を提供し、予約者が後を絶たないほどの人気を博しているとのことである（『クレア・トラベラー』二〇一九年十月三十一日付）。プランの概要を星野リゾートのホームページから引用すると、以下のとおりである。

脱デジタル滞在は、デジタル機器から離れて各地の自然や地域文化に触れる体験に没頭することで、心身ともにリフレッシュし、豊かな感性を取り戻すことができます。近年のデジタル機器やインターネットの普及による心身の疲れやストレスを緩和することを目的として、二〇一四年より星のや軽井沢で開始しました。星のやのブランドコンセプト「現代を休む日」を体現するプログラムとして、これまで各施設で展開してきました。

そして、期間限定のプランだったのが二〇一九年より国内五施設（軽井沢・京都・竹富島・富士・東京）にて通年提供されている。これは、「脱デジタル滞在」が好評を博していた証明であろう。

ここでのプログラムを説明すると宿泊者は、まずチェックインと同時にスマートフォンやタブレット端末を預けてしまう。つまり、情報から強制的に遮断することによって、現実空間に「孔」を空けず今ここにいることの意味に集中できる環境をつくるのである。そのため、用意されているその土地の自然や地域文化を体験するアクティビティにどこからも邪魔が入らず没頭できるのである。そして、自分と向き合い、「内省」する時間が提供される。

「内省」とは、自分自身と向き合い、自分の考えや言動を振り返り、気づくことである。つまり、日常の自分の周辺に溢れる「情報」から離れることによって、リフレッシュするだけでなく、「自分にとって本当に大事なものを見つめ直し、見極める」といった一時的な「デジタル・ミニマリスト」体験でもあるのだ。

ここで重要なのは、いかに「無」のプログラムを提供できるかである。逆にいうと、今現在、「何も無い」と思っている場所があれば、このようなニーズを満たす新たなビジネスが提供できる可能性を秘めているといえよう。

【マインドフルネス ―つながりを断つ―】

「つながり」を断つということは、「孤独」になると言い換えることもできよう。「孤独」というとネガティブなイメージを抱くが、自分にとって本当に必要なことを見つめ直し、見極めるといった「内省」をするためには必要な状態である。「つながり」は、セリグマンが述べているとおり、持続的幸福の根幹を成すものであり、また、人間が認知の休止状態になると自動的に社交について考えてしまうといった「つながりたがりの脳」が本能的に求めるものでもある。そのため、孤独が常態化し「孤立」してしまうことは大きな問題である。

しかしながら、一時的な孤独な状態は、自分にとって本当に必要な「つながり」に気づかせてくれるとともに、再び交流したときには、その恩恵を再認識させてくれるものなのである。一方で、現在はＳＮＳによって他者との常時接続状態のため、「孤独な状態」になりにくい時代だといえる。重要なのは、他者とのつながる時間と一人で思考する時間を行き来することである。

「マインドフルネス」という言葉を聞いたことがあるだろうか。これは、アメリカのグーグルが社内研修で取り入れ、組織の改善に寄与したところから、多くのアメリカの企業が実践しており、企業経営においてトレンドになっているものである。

「マインドフルネス」について、日本デジタルゲーム学会理事の三宅陽一郎氏はハーバード・ビジネス・レビュー編の書籍で「自分自身を、もう一度、新しく、力で満たすことである」（三宅二〇一九、一頁）と述べている。企業がこの概念と取り組みを導入している背景には、高度化・複雑化・細分化された仕事に、人間の力が分散され集中力が散漫となり、生産性が低下しているためである。このような状況を打破するために、自分自身を見つめ直す「内省」ができる場と方法を提示するのが「マインドフルネス」なのである。

このマインドフルネスの方法について三宅（二〇一九）は、「瞑想だけでなく、日誌の執筆、ジョギング、エクササイズ、長距離ウォーキングと様々な方法がある」（三頁）と述べている。そして、重要なのは「毎日の決まった流れから自分を引き離して、仕事と人生についてじっくり考え、自分にとって本当に大事なことを見極める――その機会をもつ必要がある。（中略）内省を習慣的に行うこと、そこから力を導くこと」（三頁）がマインドフルネスの本質であると述べている。やはり「つながり」と「孤独」を行き来することが重要なのである。

マインドフルネスの成果には、以下の四つがあるとされている。

一．集中力が強化される
二．ストレス下で平静を維持できる
三．記憶力が向上する
四．チームワークがよくなる

（ゴールマン二〇一九、六二－六七頁）

これらは研究によって、瞑想に多くの時間を充てるほど、より良い結果が得られることも明らかになっているとのことである。

日本においても、マインドフルネスを研修として取り入れている企業も出てきているが、企業に強制されずとも多くのビジネスパーソンが自主的に「内省」を日常生活のなかで習慣的に取り入れている。

ランニング人口は近年増加傾向にあり、笹川スポーツ財団が実施した調査（二〇一八）からの推計では、ジョギング・ランニングの実施率（年一回以上）が約一〇%、推計実施人口は九六四万人にも上る。そして、これを牽引しているのは、二十代から三十代であり、東京都区部のビジネスパーソンなのである。

昨今、皇居周辺には会社帰りの多くのランナーが見受けられる。ランニング専門ポータルサイト『ＲＵＮＮＥＴ』の調査（二〇一〇）によると、皇居ランをする男性ランナーの半数は年収七〇〇万円を超えているとのことである。この背景には、健康増進といった目的もあるが、同時にこの「マインドフルネス」が目的だと考えられる。最初は健康増進が目的であったかもしれないが、ランニングという一時的な孤独の状態のなかで自然と「内省」がされることによって、ビジネスへの活力が再び湧き上がるからこそ習慣化ができているのだろう。

皇居周辺には、こうしたランナーをサポートするための「ランニングサポート施設（通称：ランステ）」も充実している。この施設は、ランナーのためのロッカーやシャワーが装備されており、会社帰りの女性でも快適にランニングをできる環境が整っているのである。このように、「手軽」に「つながり」と「孤独」を行き来可能なため、多くのランナーで賑わっている。

また、都心においては働く女性を中心に「坐禅」が数年前より静かなブームであるという。多くの寺院においていわばプチ修行ともいえる「日帰り坐禅体験」を提供しているのだが、参加者多数で予約がなかなかできない寺院もあるとのことだ。

この二つのケースをみると、都市生活者において「つながり」から遮断された「孤独」な状態となり「内省」するといった「無」の状態へのニーズが存在することが分かる。そして、このニーズは、情報処理とコミュニケーションに忙殺されているビジネスパーソンほど高いものと考えられる。

また、このニーズを捉えるためには、「手軽」に「つながり」と「孤独」の状態を行き来可能なプログラムやサービスといった「お膳立て」が必要なことも分かる。重要なのは、都市生活者は、一切のつながりを断ち切りたいわけではなく、日常を力強く自立し、他者とより良い関係のなかで生きていくための、あくまでも「一時的な孤独な空間・場」を求めているのである。

ケース分析　―「いすみ鉄道」の再生戦略を事例として―

「無」を「価値」へ変えたケースとして「いすみ鉄道株式会社」を取り上げたい。いすみ鉄道は千葉県の外房の「大原駅」と内陸部の「上総中野駅」とを結ぶ、営業キロにすると二六・八キロメートル、駅数でいうと十四駅の鉄道である。

もともとは国鉄の木原線であったが、一九七九（昭和五十四）年の「日本国有鉄道の再建について」の閣議決定により、輸送密度二千人未満路線の廃止とバス・第三セクターへの転換決定が示され、木原線も廃止の危機であったが、地元自治体と住民の「乗車運動」によって一九八六（昭和六十一）年に木原線の第三セクター方式での存続が承認され、一九八八（昭和六十三）年より現在の「いすみ鉄道」として営業が開始された。一両もしくは二両編成の車両が、一時間に一本程度走行するいわゆる「ローカル線」である。

このいすみ鉄道だが、第三セクターとして再出発したものの利用客は減少し続け赤字経営が続いていた。そこで、経営再建のため社長の一般公募によって選ばれ、ユニークな戦略で同社を再生させたのが鳥塚亮氏である。現在もやはりローカル線である、えちごトキめき鉄道（新潟県）

の代表取締役社長を務める鳥塚氏ご本人への取材を通じて、「無」からの価値づくりにおけるポイントを探っていきたい。

鳥塚氏が着任当時は、「ローカル線は地元住民の交通機関である」という固定概念が存在しており、各地で地元住民の乗車を増加させる施策が実施されてきたが、成功したケースは皆無であったそうだ。なぜなら、地方では一家に一台どころか一人一台の自家用車を保有しており、ローカル線を「地元の足」として残すことに無理があったためである。幸い株主でもある沿線の自治体は、どうやったらこの鉄道を残せるかということに真剣に取り組んでいたが、鳥塚氏からみたら「ビジネス感覚がずれていた」そうである。

たとえば、当時千円の一日乗車券が他と比べると売れていたとのことだが、「この乗車券がよく売れている。だから、これを値上げしよう。そうすると収益も上がる」という発想になってしまったそうである。鳥塚氏は「いやいや、一番の売れ筋を値上げしたら売れなくなるでしょう」と反対したそうだが、万事がこのような感じだったとのことである。

また従業員は、鉄道マンとして安全・正確に列車を動かすことを真摯に頑張っていたのだが、地域の住民からは「お前らの会社は赤字の垂れ流しだ」「俺たちの税金でお前の給料を払ってやっているんだ」といわれており、真摯に一生懸命働いていることに対して評価がされていない、それは、社会的におかしいのでないかと感じたそうである。

そこで鳥塚氏が取り組んだのが「いすみ鉄道のブランド化」である。鳥塚氏は、最初の朝礼で、「私は、皆さんが『いい会社に勤めていますね』といわれる会社にします。みなさんの家族が『うちのお父さんはいすみ鉄道に勤めている』と堂々といえる会社にします。そのためにはブランド化します」と宣言したのである。

そこから鳥塚氏は、様々な仕掛けを行うのだが、マーケティング上でのポイントは、ローカル線であるいすみ鉄道が保有する有形・無形の資産を再評価し、それを魅力に感じていただく顧客をターゲティングし、ポジショニングを変えた点である。

ローカル線で赤字路線でもあるいすみ鉄道には、車両の新造や駅舎の改築に投資する経済的余力が無く、いわば「新しいモノは何も無い」といった状況であった。一般的に、ローカルの方々は「古い」のが嫌いであり、「古さ」は恥ずかしいことと潜在的に思っていると考えられる。鳥塚氏が中学生の頃までは蒸気機関車が走っていたそうだが、ローカルに住む人にとっては、いまだに蒸気機関車が走っていることが恥ずかしく、「こんな真っ黒い煙を吐いて走る前時代的な蒸気機関車なんかやめてくれ」「ディーゼルにしろ」「電化しろ」といって、みんな廃止してしまったそうである。

実は、電車が当たり前の都市生活者が、蒸気機関車を追い求めて相当数の人がわざわざ来訪していた。だが、当時の地元の人たちはそういうことの価値を認識できなかったため、古いモノを

第一夷隅川橋梁
写真提供：いすみ鉄道株式会社

すべて捨ててしまいその十年後ぐらいには廃線となってしまったケースが日本全国であったそうである。

また、いすみ鉄道は地理的にトンネルが一つもなく、山間を縫うように走っているため、移動手段の競合である自動車の方が早く、いわゆる地域の足として残すには無理があった。国鉄時の再生計画においては、輸送密度二千人未満路線の廃止という指標があったため、地元住民の方々が「みんなで乗って残そう」と用もないのに鉄道に乗ったのだが、これでは、一時的には回避できても、持続するのは無理なことである。実際、いすみ鉄道もこの運動により廃線は免れたものの、利用者は減少し続けたのであった。

このことに気づいていた鳥塚氏は、ローカル線は地元住民の地域の足であり、大事な公共交通機関だという既成概念から脱却し、いすみ鉄道を「新しいモノは何も無い」ことに対して価値を感じていただける都市生活者をターゲットとした「観光鉄道」としたのである。これは、鳥塚氏がもともと鉄道ファンであった点と、前職が外資系航空会社といった都市生活者であったため、気づいた戦略だったと考えられる。鉄道業界と地元にどっぷり浸かっていた方であったとしたら、恐らく発想できなかったであろう。実際、鳥塚氏のことを応援してくれた地元の方には、「ここには魅力があるよ」という人と「こんなところは駄目だよ」という人たちの二通りおり、前者の方々は、一回、東京で暮らしたことがある人であった。このように、地元の人にとって「何も無い」と感じている場合において、魅力の発見には「よそ者」が必要なのである。

そして都市生活者をターゲットとした観光鉄道にするために、鳥塚氏は国鉄時代の古いディーゼル車両をあえて導入したのであった。鳥塚氏はいう。「ローカル線は車両を新しくすると駄目になるのだ」と。新潟県の大糸線では、二〇一〇年まで国鉄時代のいかにも古いディーゼルカーが走っており、この車両をみたさに多くの方が、現地を訪れていたのだが、大糸線では退役することになったため、鳥塚氏は「やめるならください」と譲り受け、それによって大糸線に集まっていた何倍もの人がいすみ鉄道に来るようになったのであった。

ここでのポイントは、いわゆる鉄道ファンという嗜好でのターゲティングをしているわけではなく、「新しいものは何もない」ことを価値に感じてくれる都市生活者をターゲットとしている点である。鳥塚氏が社長に就任されたのが二〇〇九年だが、本章の前半で述べたように、処理しきれない情報量が世の中に溢れ、ＳＮＳによって「つながり」が常時接続された状態で、情報が入ってきては、それに反応し続けなければならないといったことに対して、多くの都市生活者がストレスに感じ出した時代と重なるのである。つまり、郷愁による癒し欲しさもあるが、都市とは真逆の非日常な世界にトリップすることで、一時的に「モノ」「情報」「つながり」から遮断したいという潜在的な心理も捉えたものだったと考えられる。

鳥塚氏は、「ローカル線は文明を追いかけてはならない、文化を磨くのである」と述べた。つまり、高度な文明社会に疲れ、一時的にトリップしたい都市生活者を捉えたのであり、まさに時代による「ニーズのゆらぎ」を捉えたマーケティング戦略だったのである。だからこそ、多くのテレビ局が取材に来て、鳥塚氏本人もテレビ東京の『カンブリア宮殿』(二〇一六年四月二十一日放送)で取り上げられたのだろう(当時、いちローカル線の社長がこの番組に出演するということはなかったことである)。

次に、ブランディングである。鳥塚氏は「ここには、『なにもない』があります。」というキャッチコピーを制作した。これは、ありのままである「新しいモノはなにもない」、つまり「無」に価値を感じてくれる人に来ていただけ

いすみ鉄道のディーゼル車両
写真提供:いすみ鉄道株式会社

れば良いということである。そして、来た人がファクト以上の期待を抱き来訪したときにがっかりしないよう「無」といったファクトを伝えることによって「期待値」をコントロールしたのであった。また、鉄道の場合は、保有している車両数がそのまま供給量になるため、需要に合わせて供給量を増減させるといった柔軟性が低いビジネスである。いすみ鉄道は一編成一～二両であるため、「無」の価値が分かる人に来ていただければよいというスタンスによって、オーバーツーリズムにならない絶妙な乗客数のバランスをとったのであった。

そして、いすみ鉄道を一躍全国区にしたのが「ムーミン列車」（二〇一九年三月終了）である。これが数多くのテレビ局の情報番組に取り上げられたことによって、いすみ鉄道の認知と集客に寄与したのはもちろんだが、重要な点は「インナーブランディング」がされたことであった。それまでは、鳥塚氏が地元の方々に「いすみ鉄道を残したいですか？」と聞くと、「残したい」と答えたそうである。そこで「でも、皆さんは車を使うから、いすみ鉄道には乗らないですよね。だったら要らないでしょう？」という話をすると、「いやいや、昔乗っていたんだよ、学生時代に」とか「やっぱり鉄道があるのは当

ISUMI RAIL
ここには、「なにもない」があります。
いすみ鉄道ポスター
写真提供：いすみ鉄道株式会社

たり前だから」と答えたのであった。つまり、いすみ鉄道は自分たちの故郷の景色・原体験といった「郷土愛」のシンボルだったのである。

そこに、「ムーミン列車」のＰＲによって芸能人が撮影に来て、それがテレビ番組に流れることによって、「郷土愛」が「郷土の誇り」へ昇華したのである。この「郷土の誇り」が醸成されることによって、鳥塚氏の取り組みに対して応援・協力をしていただける地元の方（しかもボランティアという無償の形で）が増え、沿線地域の活性化がされたのである。この地元の方々を巻き込み、主体的に取り組むようにすることこそが、「持続可能な地域活性化」の目指す姿なのである。

以上、鳥塚氏によるいすみ鉄道の再生について紹介してきた。改めてポイントをまとめよう。

ムーミン列車　© Moomin Characters ™
写真提供：ピクスタ

東総元〜久我原間
写真提供：いすみ鉄道株式会社

まずは、自社の交通機関としてのポテンシャルを見極め、地元の足といった公共交通機関ではなく、「新しいモノ・文明的なモノは何も無い」といったことに対して価値を感じる都市生活者をターゲットとした「観光鉄道」としてのポジショニングをした点である。この着想は、鳥塚氏ご自身が、着任前は鉄道業界の人間ではなく、かつ都市生活者といった「よそ者」だったからこそである。

そして、今の時代は、この「無」の価値が高まっていると感じとっていた点である。前述のとおり、鳥塚氏がいすみ鉄道の再生に乗り出したときは、ちょうどモノに対する価値観が変化し「ミニマリスト」といった生き方が世の中に出てきたタイミングでもあり、到底処理しきれない情報量が溢れ、さらに常時接続状態による他者との「つながり」に不安を感じるといった問題が顕在化してきた頃である。それは、鳥塚氏自身が就任前まで都市で生活していたときに直観的に感じていたことなのだろう。つまり、時代の空気観とそれによる「ニーズのゆらぎ」に対する感度の高さが「無」を価値にしたのである。

最後に、この「無」に価値があることをブランディングした点である。「なにも無い」というファクトを正面から伝えることによって、「無」の価値を潜在的に求めていた心理を捉えるとともに、期待値をコントロールすることによって、体験満足への阻害要素を削いだのである。また、ブランドをドライブさせる世界観をもったキャラクターを起用し、そのPRによって、マスメディアに多く取り上げられ、今まで「無」を恥じていた地元の方々に誇りを醸成した点が大きな功績だろう。まさに、持続可能な地方創生モデルといえるケースなのである。

価値ある「無」のつくり方

最後に、価値ある「無」のつくり方について整理したい。

(一)「よそ者」による「無」のリソース再評価

いすみ鉄道の鳥塚氏のように、「無」のポテンシャルに気づくためには「よそ者」が必要である。「無」の状態に常時いると、「何も無い」というネガティブな意識が根付いてしまうため、自らがそこに「価値」を見出そうという意識にはなりにくいのである。

多くの場合は、「無」から「有る」にしてしまい、そのポテンシャルを自ら失っていくのである。それを防ぐためには、「よそ者」の視点が必要となるのである。この「よそ者」には、「無」とは真逆の文明に浸かっている都市生活者がふさわしいのである。

(二)「無」に価値を感じる「有る」人をターゲティング

「無」に価値を感じる人は、その逆の「有る」人である。つまり「有る」が溢れ返り都市生活にゆがみやひずみを感じている人である。

たとえば、他者との競争下に晒され否応無く他者との比較をしてしまう人や、他者に対して分かりやすく差別化された自分をみせる生活に息苦しさを感じながらもモノの「私有」から脱却できない人がターゲットとなる。

本章の冒頭に、消費社会の変化のなかで「脱・私有」が進んでいると述べたが、潜在的には「私有」による差別化の儚さ・脆さに気づきつつも、行動は以前のままといった人は、高度経済成長・バブル景気の恩恵を謳歌し、「私有は善」と刷り込まれてしまった世代に多いと考えられる。このような「変わりたくとも変われない人」はまさにターゲットとなり得るのである。また、SNSで活発にコミュニケーションをとっている若年層においても、つながりの負のループから抜け出したいと潜在的に思っている人も多いだろう。このような人もターゲットとしてなり得るのである。

(三)「一時的」に「無」になれる場をつくる

「無」になるということは、外部と「遮断」することでもある。モノ・情報・つながりを遮断した「内省」によって本当に大事なものに気づくのである。つまり、本当に自分にとって大事なモノは何か、情報は何か、大事な人は誰なのかということである。

ここで重要なのは、外部と一切遮断して「世捨て人」のようになるのではない。そういったニーズは一部の人にはあるかもしれないが、市場性は低い。ここでのターゲットとする人たちが、「無」の状態になぜなりたいかというと、日常の生活に再び自立して力強く生きていきたいためである。つまり、求められるのはあくまでも「一時的に無になれる」場所なのである。

いすみ鉄道も都心からであれば日帰りで行けるし、多くのランナーが走っている皇居にしても会社帰りに行けるといったように、思い立ったら「無」になれるといった「日常」との行き来がしやすい場が求められるのである。

(四) 手軽・快適に「内省」ができる「お膳立て」のセット

多くの人が、「無」の状態になり自らを省みるためには、プログラムといったお膳立てが求められる。事例として上げた星野リゾート「星のや」の「脱デジタル滞在」のように、スマートフォンといったデジタル機器を預け、非日常のなかで「内省」をするプログラムや、多くの寺院が開催している「一日坐禅体験」のように、それまでの修行や鍛錬を必要としない「手軽」な「内省」が可能になることによって、間口が広くなり「無」によるビジネスが成立するのである。

また、「快適」さも重要である。たとえば、皇居ランにしても周辺にはロッカー、シャワーが完備されたサポート施設がある。鳥塚氏も取材において、いくらローカル線といえどもトイレなどの水回りは最新型でない駄目だと述べたように、日常と「無」を習慣的に行き来してもらうためには、「快適」さが必要なのであり、それを可能にする「モノ」「ツール」が必要なのである。

（五）「無」を「誇り」にするインナーブランディング

価値ある「無」を維持するためには、「無」の保有者の「無」であることへの誇りが必要である。「無」の状態は変化に乏しいため、保有者側が「マンネリ」を感じ変化を求め「無」を棄損する新奇性を付加してしまうのが常である。それを防ぐためには、「無」の状態に対して誇りを醸成するインナーブランディングが必要なのである。

鳥塚氏は、「無」の価値を高める世界観をもった「ムーミン」といったキャラクターを起用したＰＲによってメディアを誘致した。それにより、「無」の価値が地元の方に見える化されたことによって、いすみ鉄道が誇りとなり、自主的に応援活動をするまでになったのである。

以上、価値ある「無」のつくり方を整理した。本章の冒頭において、他者との比較による幸福感とその手段である「私有」の儚さと脆さ、それに気づきつつある消費者の存在、「ミニマリスト」という生き方について紹介した。

過去のような高度な経済成長が期待できない今後において、このような生き方に共感し実践していく人はさらに増えていくものと考えられる。また、今後、ますます増加していく情報やコミュニケーションの処理に対するストレスも相対的に増加するだろう。そして、今後ますます「つながり」に幸福の価値を置く人が増えれば、つながるツールであるＳＮＳへの依存度が高まり、常に「つながり」に対する不安を抱えるといった「つながり」によって不幸になる人も増加していくだろう。そのため、このような状況を一時的にも遮断したいという「無」へのニーズが、今後一層高まるものと考えられる。

今現在、「新しいもの・先進的なもの・文明的なものが何も無い」と思っている場所・空間があれば、それはこのような「無」へのニーズを捉える絶好のビジネス機会だといえるため、今一度、自らのリソースを「内省」してみてはいかがだろうか。

第四章
コンプレックスが価値になる

～経営難に対する「銚子電鉄」の
自虐戦略を事例として

欠点は魅力の一つになるのに、みんな隠すことばかり考える。
欠点をうまく使いこなせばいい。
これさえうまくゆけば、なんだって可能になる。（ココ・シャネル）

山口路子『ココ・シャネルの言葉』大和書房（二〇一七）、三六頁

弱い者を応援したいという心理

本章では「〝コンプレックス〟が価値になる」をテーマに論じる。コンプレックスの意味を辞書で引くと、「①自分が他より劣っているという感情。劣等感。②〔心〕精神分析の用語。強い感情やこだわりをもつ内容で、ふだんは意識下に抑圧されているもの。」とされる（『大辞林』第三版、九六八頁）。もとは②に当たる心理学領域から発生した用語であるが、日常では①の劣等感の意味合いで使われることが多く、本章でも①の意味合いでコンプレックスを捉えることとする。

何かしらのコンプレックスを抱えている当事者は、それを乗り越えようと奮闘したり、またはコンプレックスが表面化されるシーンを避けたりなどして適応を試みることが多いであろう。それは、コンプレックスを「負」として捉えているからである。コンプレックスの種類は人や状況によって様々であり、外見であることもあれば、能力であることもあるし、また、ビジネスにおいては、競合に負けている、事業に失敗した経験がある、といったことも含まれるだろう。

我々はコンプレックスを抱えている者について、どのような感情をもつだろうか。たとえば、「弱いものを応援したい」という気持ちで考えると、そういった気持ちは日常に溢れていると感じるのではないだろうか。はじめにそのような事例をいくつか取り上げる。

エプソン品川アクアスタジアム（現・マクセル アクアパーク品川）という水族館には「ラッキーくん」というイルカがいた。とても人気のイルカだったが、とても運動音痴だったという。水族館のイルカというとイルカショーでのジャンプが目玉であるが、ジャンプも苦手で、他のイルカが高さ七メートルのジャンプをするなか、一頭だけ半分も跳べず、いつしか「跳べないイルカ、ラッキーくん」と呼ばれるようになった。「イルカなのに……」と思うが、その意外性が逆に惹きつけられないだろうか。

ラッキーくんの飼育員であった土屋氏によると「ジャンプの高さは仲間の三分の一だけど、助走距離は三倍」だったという。二〇〇九年に惜しくも亡くなってしまったが、その訃報を受け多くのファンからメッセージが寄せられ、花束も山積みになったという（柴田二〇〇九、『毎日新聞』二〇〇九年九月九日付）。運動が苦手だが、嫌がったり諦めたりせずに一生懸命跳ぼうとしている。その頑張る姿に多くの人が心動かされた。

スポーツでは、劣勢状態にあるチームに対する応援が目立つことがある。二〇一八年の甲子園で、秋田県代表として出場した秋田県立金足農業高校への応援は社会的現象と呼べるほど大きなものであった。公立高校で選手全員が地元出身、対するは甲子園常連の強豪校が連なり、マスコミも大きく取り上げ、まさに「弱者vs強者」という図式が出来上がっていた。観衆の応援は金足農業高校に多く向けられ、一勝するたびに歓喜に沸いていた。優勝には一歩届かずであったが、「よくぞ頑張った！」という感動の涙を流す観衆もいた。

ラッキーくんにしても金足農業高校にしても、彼らと自分を重ね合わせ、ある種の親近感を抱いているのであろう。自分自身のもつ何かしらの劣等感を投影し、ラッキーくんや劣勢チームには自分に代わり活躍してほしいと願い、頑張っているその姿に元気を貰っているのかもしれない。

これらは、事前に対象物が劣勢状態にあることを認識することで、頑張ってほしいという気持ちが醸成されているということだ。類似した事例として、「選挙」における事前の選挙予測が選挙結果に与える影響について研究されている。この影響は「アナウンスメント効果」と総称され、亀ヶ谷（二〇〇一）によると、「選挙に関する世論調査の結果を見聞きして有権者が当初思っていた投票行動を変えたり取りやめたりする現象」とされるが、選挙候補者が勝っているときにはたらく効果と、負けているときにはたらく効果という下位効果が唱えられている。

図4－1は亀ヶ谷（二〇〇一）によるアナウンスメント効果の分類を表した図である。まず対象者の情勢が〝勝っている〟ときにプラスにはたらく効果が「バンドワゴン効果」であり、マイナスにはたらく効果が「離脱効果」である。前者は世論調査で人気のある方に多くの投票が集ま

るという同調現象であり、後者は勝ちそうな候補者から票が少なくなる現象である。次に、対象者の情勢が〝負けている〟ときにプラスにはたらく効果が「アンダードッグ効果」であり、マイナスにはたらく効果が「見放し効果」である。前者は負けそうな候補者に多くの投票が集まる現象であり、後者は負けそうな候補者から票が少なくなる現象である。

バンドワゴン効果には「勝ち馬効果」、アンダードッグ効果には「判官贔屓《ほうがんびいき》」という日本語での訳語が与えられているが、亀ヶ谷（二〇〇一）によると、「前者は優勢な候補者（に投票した有権者）の仲間に加わりたいとする同調行動であり、後者は弱い者を助けなくてはいけないとする社会規範に則った行為であるという意味合いを内包していると思われる。同様に離脱効果は優勢であるから投票しなくても大丈夫だ

図4-1　アナウンスメント効果の分類

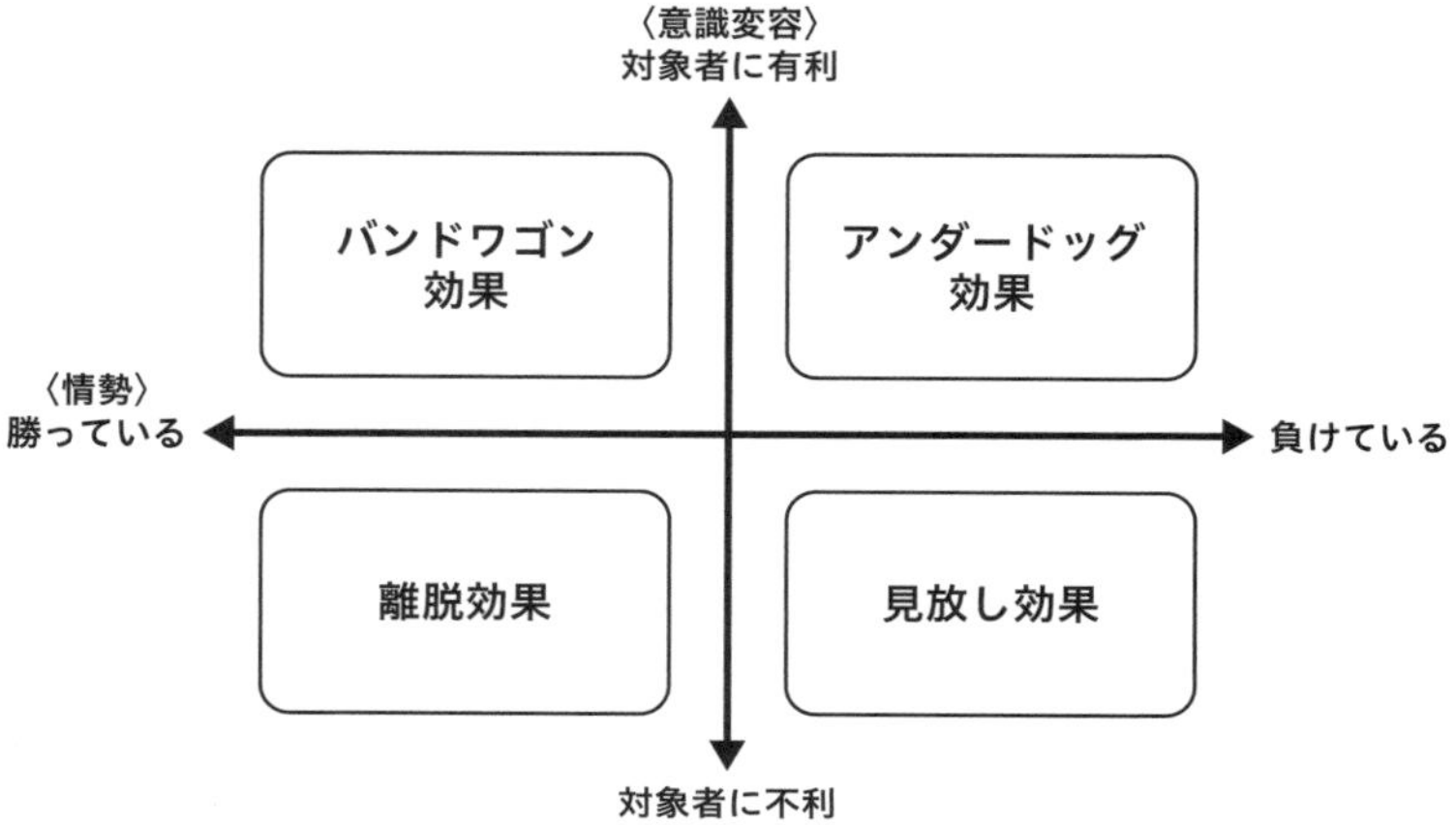

出所：亀ヶ谷（2001）79頁を一部修正のうえ引用。

ろうという社会的手抜き現象の一つ、見放し効果は文字通り当選の見込みのない候補を見放したため」とされる。跳べないイルカラッキーくんの応援や甲子園での劣勢チームの応援は、アナウンスメント効果でいうところの「アンダードッグ効果」がはたらいているといえるだろう。

映画作品の事例も一つみてみよう。二〇一九年二月公開の「翔んで埼玉」（配給：東映）、二階堂ふみとGACKT主演による、魔夜峰央《まやみねお》氏原作漫画の実写映画化である。この映画では、埼玉県民が東京都民から差別と迫害を受けている架空の世界を舞台とし、とにもかくにも埼玉県は虐げられて描かれている。埼玉県民は通行手形がないと東京に入ることができず、埼玉県民というだけで煙たがられる。隣県千葉も巻き込み、東京vs埼玉vs千葉の抗争、圧倒的に東京に優位性があったが、最終的には埼玉県は勝利を勝ち取るのである。埼玉県をけなすという、いわゆる〝ディスり〟映画にも関わらず、公開週末の興行収入は第一位と大きな注目を浴びた。『日経MJ（流通新聞）』（二〇一九年三月二十二日付）では、同映画について次のように語られている。

「ディスる」けれども愛がある。普通なら悪口を聞くために映画を観ることはない。だが、見終わった後に観客、特に埼玉県民は「埼玉っていいな」という気持ちになる。ディスりの裏にある深い埼玉愛を感じるからだ。

（『日経MJ（流通新聞）』二〇一九年三月二十二日付）

実は筆者（古谷）も埼玉県民であり、映画のなかで虐げられている、まさに対象なのであるが、県民観客者の一人として映画館に足を運んだ。上映当時、県内の映画館はいつも満員、上映中は笑いも起き、上映後には拍手喝采であった。「埼玉には何もない」「ださいたま（ダサい＋埼玉）」など、とにかく埼玉県民のコンプレックスにあたる部分を、繰り返し繰り返しいじっている。しかし、ギャグを交え、不思議と愛情も感じられるのである。いじりといっても、埼玉県への嫌悪感を抱かせるのではなく、面白さ、親近感を醸成し、埼玉への愛は忘れていない。

埼玉をとことん取材して脚本が描かれたようだが、地区ごとの細かな特徴なども捉えており、「そうそう」「あるある」といった内容が多く登場する。埼玉を熟知していることが伝わるからこそ、「翔んで埼玉」は我々埼玉県民の〝仲間〟という感覚をもち、笑える「〝自〟虐」が成り立っている。ここで、中途半端で粗い内容のいじりであれば、仲間という感覚はもたず、外部からの「〝他〟虐」と認識されてしまったであろう。

また、vs東京というバトル形式にすることによっても、埼玉県民でなくても、弱い側を応援したくなるというアンダードッグ効果も醸成され、いつのまにか観客みんなが一体となって埼玉を応援するという構図が出来上がっていた。このように、弱いという立場やコンプレックスを抱えているという姿は、味方を付けやすいのである。

「Ｎｏ．１でない」というコンプレックスを逆手に取った戦略

弱いものを応援したいという気持ちは、何かしら誰しもがもっていそうだと感じられたのではないだろうか。では、そうした心理も上手く突きながら、負からのマーケティングに成功した企業事例をみていきたい。

まず、古典的な例として、アメリカのレンタカー会社エイビスの戦略を取り上げる。ブランド戦略の研究者であるアーカーは、エイビスの戦略を競合ポジションの文脈で紹介している。レンタカー業界最大手はハーツという会社であり、他にもナショナルやバジェットといったレンタカー会社との差別化に苦戦を強いられていたという（アーカー二〇〇二、二八五頁）。一番手をハーツに取られているということは、エイビスにとって大きなコンプレックスであったといえるだろう。通常、自らの良い面や優れている面を表に出していくことが一般的であり、その良い面をみて消費者は企業を評価する。

良い面として、Ｎｏ．１であるということは非常に強い訴えかけができ、Ｎｏ．１というだけで信頼性も得られやすい。だからこそ、多くの企業は何とかＮｏ．１になろうと必死になり、様々

な切り口でNo．1になれる領域を探してはそれをアピールする。しかし、そう容易《たやす》いことではないし、似たような競合企業がひしめくなかであればその効果も小さくなる。そんななか、エイビスはあえて「われわれは二番手です。だからがんばります。」（アーカー二〇〇二、二八五頁）という二番手というコンプレックスを逆手にとった正直なスローガンを掲げた。アーカー（二〇〇二）は次のように分析する。

「エイビスは、自らがハーツの論理的な代替者となることを主張することにより、ナショナルその他の競合相手を落伍者としてうまく位置づけたのである。さらに、同社は顧客の共鳴する軸（努力と弱者）に沿って差別化点を提供したのである。」（二八五頁）

ここでアーカーの指摘する〝顧客の共鳴する軸（努力と弱者）〟こそ、先に述べた「アンダードッグ効果」、弱い立場にあるものが頑張っている姿をみて応援したい、助けたいという気持ちをうまく刺激したと解釈できる。通常No．1は強く訴えかけられても、No．2以下は訴求できないと思ってしまいがちである。それは、No．2をネガティブなものとして捉えてしまうからである。しかし、エイビスは自ら二番手ということを表明することで、業界二位というポジションを獲得し、消費者への認知を高めることに成功した。その認知は決してネガティブなものではなく、「二番手で努力している応援したい企業」というポジティブな認知がされたであろう。

次に、広告表現の点から遊園地の「としまえん」（二〇二〇年八月、九十四年の営業を終え閉園）の広告を紹介する。四月一日のエイプリルフール広告であるのでウソということにはなるが、「史上最低の遊園地。TOSHIMAEN」と打ち出した。

子どもはつまらなそうに、「パパー、早くお家に帰ろうよ」といい、お父さんは「来るんじゃなかった!!」と頭を抱えているというインパクトあるデザインだ。この広告を手がけたのはアートディレクター大貫卓也氏である。石原（二〇一六）によると大貫氏は、当時を「自虐という最強の絶叫マシーン」と振り返ったという。一カ月後のゴールデンウィークには「史上最低」を確認しようと、多くの人が押しかけるという結果を残したという（『東京新聞』二〇一六年九月十五日付）。

このころのテーマパーク業界は、一九八三年に開業した東京ディズニーランドの一人勝ち状態になっていた。としまえんはその状態を逆手にとり、対抗策として自虐をしたのである。No．1企業は決してできない打ち出し方である。ここまで振り切った自虐をされると、ついつい気になってしまい、行ってみたい気持ちになる。

一九九〇年 としまえん新聞広告
写真提供：としまえん

本書が提示する価値リノベーションは、「マーケティング活動によって、『負』の事象が顧客や社会にとって価値あるものに意味転換されること」と定義している。先に取り上げた事例は、いずれも劣勢というコンプレックスの「負」の状況を逆手に、それをそのままさらけ出すことや、ユーモアを交えた自虐を加えながらさらけ出すということで、消費者の目にとまり、その心に訴えかけることで価値向上が達成されている。

自虐を手法の一つとして取り上げているが、近年、Twitter や Instagram などSNSでの企業情報発信が一般的となったことで、自虐マーケティングも目にする機会が増えてきた。特にTwitter はその性質上、中の人（運営者）のパーソナリティーを出しているアカウントも多く、コンプレックスや失敗をネタのように投稿しやすいということも増加の一因であろう。Twitter における自虐マーケティングの事例を紹介する。

二〇一七年に「ノザキのコンビーフ」公式Twitter で、「＃自社製品を自虐してみた」のハッシュタグを付けた投稿をきっかけとして、各企業がこれに乗っかることでちょっとしたブームとなったことがあった。ノザキのコンビーフは、「ぶっちゃけ肉より高い。」「開け方、初見殺し」などの自虐ワードを投稿したが、商品特性を誰よりも知り尽くしている自社商品だからこその視点から自虐をしており、切なさもあるが思わずクスっと笑ってしまうような内容である。

各企業の投稿をみた消費者は、まず「なにこれ面白い」と思ったであろう。まず注目を集めるという点で自虐は強い力をもっている。それこそ情報過多社会といわれている現代、一企業の情報は消費者に届きにくく、大企業やＮｏ．１企業とは、情報伝達の意味でも既に差が開いている。ただ、留意したいのは、自虐は王道ではなく、本来コンビーフの味や利点を伝えたいところなのである。つまり、コンプレックスをさらけ出しただけで価値リノベーションが達成されたと安堵してはならないのだ。

序章で示した価値リノベーションの循環モデルのように、消費者がどう認識しているのかを確認、それを受け、自社商品の利点を感じてもらうためにどうコミュニケーションを図っていくのかを検討していかなくてはならない。Twitter などのＳＮＳにおいては、企業と消費者のリアルタイムなコミュニケーションが比較的容易に取りやすいため、この価値リノベーションの相互作用を実行していきやすい環境にあるといえるだろう。その一方、手軽でスピード感がある弊害として、ＳＮＳ上の炎上もよく目にするため、注意も必要だ。

コンプレックスを活かしたプロモーションとして先に述べたエイビスの二番手戦略や、としまえんの「史上最低の遊園地。」の広告などが古くからあるが、ＳＮＳのビジネス活用の広がりによって、消費者とのコミュニケーションがより一層重要視される現代だからこそ、価値リノベーションの循環モデルの視点から、コンプレックスを抱える「負」の状態からの価値化について、今一度整理していくことが必要といえよう。

次節からは、コンプレックスを逆手にとり、「正直にありのままをさらけ出す」ことと、「クスっと笑える面白い〝自虐〟をする」ことで好感を得て、価値を生み出している「銚子電気鉄道株式会社」（以降、銚子電鉄と表記）の事例にフォーカスし、代表取締役社長の竹本勝紀氏に対する取材に基づき、価値リノベーションのプロセスについて検討する。

崖っぷちであることを正直にさらけ出した銚子電鉄

銚子電鉄は千葉県銚子市に本社を置いており、銚子市内の六・四キロメートルという非常に短い距離を走る路線である。いわずもがな、鉄道会社である。しかし、信用調査会社では鉄道会社ではなく、なんと「米菓製造」で登録されているという。というのも、鉄道事業の傍ら、副業として「ぬれ煎餅」などを販売しているが、副業であるはずの食品製造販売業の売上が総売上の約七割をも占めているからだ（竹本二〇一九、六頁）。副業によりなんとか支えられている銚子電鉄。その歩みは実に危機まみれ、崖っぷちであり、まさに「負」の状態であった。まずはその歴史について、竹本氏にお話を伺った。

一九一三（大正二）年、銚子電鉄の前身として「銚子遊覧鉄道」ができた。遊覧鉄道だから海辺を走らせようという案もあったようだが、線路が錆びてしまうということであえて内陸部を走らせていた。当時は列車が走っていること自体珍しかったため、内陸部を走っていても、観光鉄道として客足もあったようだ。しかし、貨物輸送にも大きな期待をかけて開業した鉄道であったが、なかなか貨物輸送の業績が振るわなかった。そんななか、第一次世界大戦が勃発し、軍艦を造る需要から鉄鋼の値段が高騰していたことを受け、線路を売却して資金を回収した方が良いという意見が多数を占めるようになった。そんなこんなで、たったの四年で廃線となってしまったのである。

その後、地域住民の足のためにも、もう一度線路を敷いてはじめたのが「銚子鉄道」である。しかし、空襲被害（車庫や変電所の焼失）により長期運休を余儀なくされた。その後、企業再建整備法により銚子電気鉄道（資本金百万円）を設立、文字通り三度目の正直である。はじめは順調な経営であったが、バス路線とのお客様の奪い合いに苦戦し、雲行きが怪しくなっていった。そんななか、銚子電鉄は、そのライバルであるバス会社に買収されてしまったのだ。し

銚子電鉄車両
写真提供：銚子電気鉄道株式会社

かも、買収から二年後、なんとその親会社のバス会社から銚子電鉄廃線の発表がされた。バス会社にとって元はライバルである銚子電鉄は邪魔な存在であったのかもしれない。

しかし、地域住民にとっては、廃線になってしまうと生活への支障をきたすため、廃線反対運動を起こし、なんとか廃線の発表は取り下げられた。その後も廃線発表と反対運動を何度も繰り返し、結局親会社のバス会社は銚子電鉄を売却することとした。親に縁を切られてしまうわけだが、さすがにそれでは忍びないということで、新しい譲渡先として内野工務店という建設会社の子会社になる。鉄道会社がバス会社の子会社となり、次は工務店の子会社になる……。なんとも波乱万丈である。さらにその後バブルがはじけ、工務店が倒産してしまった。いよいよ自力で生き延びないといけなくなったということで、少しでも赤字を減らすため、本格的に副業に取り組まざるを得なくなったのである。

副業の主力は「ぬれ煎餅」である。銚子は醤油の街であり、それをふんだんに使えば名物になるのではということで、製造販売をはじめていた。地元業者に実際にぬれ煎餅の作り方を習いに行くなどして、試行錯誤の末、ぬれ煎餅を開発し、実践販売も好調だったという。そしてついには本社のある仲ノ町駅構内にぬれ煎餅工場を建てたのである。親会社の倒産を受け、本格的に稼いでいかなければならない危機に瀕し、仲ノ町駅長、つまり一番の幹部でもある生粋の鉄道人が、なんと煎餅工場長となった。鉄道を守るために煎餅を焼く。このことは多数のメディアでも取り上げられ、電車操業のために副業で奮闘するその頑張りに多くの人が応援の声を寄せた。

しばらくは安泰だったが、事件が起きる。当時親会社の内野工務店の社長も兼務していた銚子電鉄の社長が、銚子電鉄名義で借りた資金を内野工務店の借金返済に回すという横領が発覚し、社長は逮捕されてしまった。この事件があり、銚子電鉄は千葉県と銚子市からの補助金も全額カットされてしまったという。補助金をもらって何とか経営していたが、それがゼロに。元々借金はあったが、社長の残した借金約一億円が上乗せ。もはや破産をしたいが、裁判所での破産手続きのお金もないという状況だった。少しでも赤字を減らそうと、現在の代表取締役社長の竹本氏も当時町に繰り出してぬれ煎餅を売りに回ったという。

地道に町でぬれ煎餅を売りながらも、莫大な

銚子電鉄名物「ぬれ煎餅」
写真提供：銚子電気鉄道株式会社

借金返済のためにはもっと戦略を立てないといけない。スーパーに試食品を置いてもらったり、ファックスDMを送ったりと様々なことに挑戦するなかの一つとして、竹本氏は家族総出で自前のオンラインショップを立ち上げた。

そのオンラインショップで当時の経理課長が「電車運行維持のためにぬれ煎餅を買ってください!!」「電車修理代を稼がなくちゃ、いけないんです。」というキャッチコピーを載せたところ、ネット掲示板の「2ちゃんねる」を通じて全国に広がり、メディアにも取り上げられた。当時のオンラインショップは一日一万円の売上だったというが、この正直な心情を吐露したお願い文のキャッチコピーを載せた途端に、サーバーがダウンするほどアクセスが集中したという。ぬれ煎餅の売上は二倍にもなり、これをきっかけとして鉄道収入も一億一千万が一億六千万まで増加したという。竹本氏は次のように語ってくれた。

このようなぬれ煎餅のブームによって、我々は苦しいときに助けを求めるのは結構抵抗なくできるようになった。とにかく、全国のみなさんに「苦しいから助けてちょうだい」ということをいえるようになった。「デジタルな世界の向こう側に、いわばアナログの温かい心がある、その温かい心に向かって我々は訴えかける」ということを学んだ。そうすると、助けてくれる人がいるということがわかった。

竹本氏はじめ銚子電鉄の方々は、支えてくれる人々への感謝の気持ちを常にもっている。幾度となく経営危機に瀕している、それでもなんとか地域住民のために会社存続を頑張っている、「負」の状況にずっと向き合ってきたからこそ、悲痛なお願い文が、多くの人の心を動かしたのである。嘘偽りのない〝ありのままの正直な〟気持ちは受け入れられたのである。

このキャッチコピーをきっかけとして、なんとか危機を脱したわけであるが、このキャッチコピーを出す前のユーザーの認識は、「単なる廃線直前のローカル線」であったといえよう。実際に幾度となく廃線は検討され、発表されてきた。あるいは、県外の人にとっては、銚子電鉄の認識すらままならなかったかもしれない。まさに「負」の状態にあった。

そこで銚子電鉄は、危機を脱するために、鉄

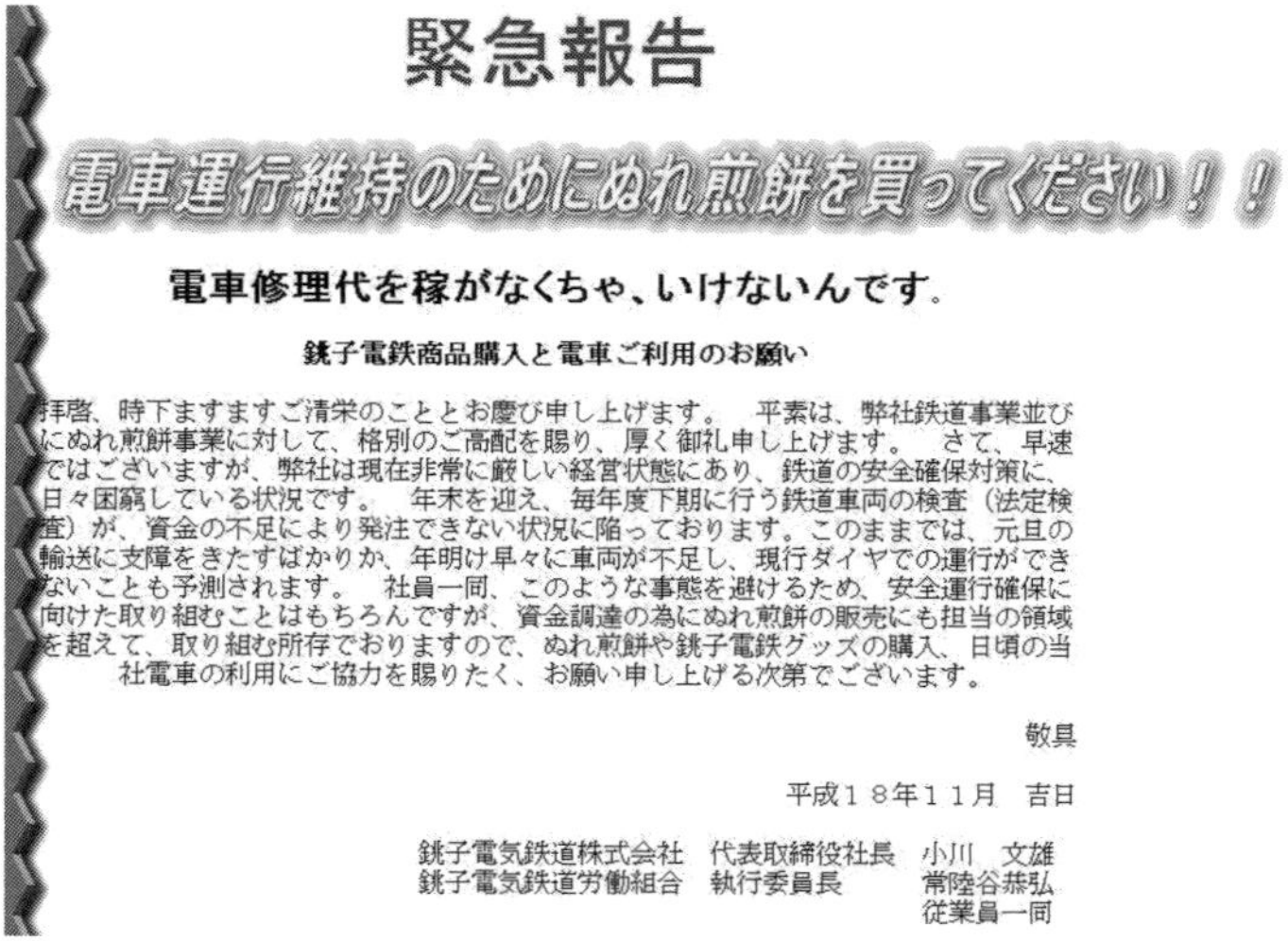

緊急報告

電車運行維持のためにぬれ煎餅を買ってください！！

電車修理代を稼がなくちゃ、いけないんです。

銚子電鉄商品購入と電車ご利用のお願い

拝啓、時下ますますご清栄のこととお慶び申し上げます。　平素は、弊社鉄道事業並びにぬれ煎餅事業に対して、格別のご高配を賜り、厚く御礼申し上げます。　さて、早速ではございますが、弊社は現在非常に厳しい経営状態にあり、鉄道の安全確保対策に、日々困窮している状況です。　年末を迎え、毎年度下期に行う鉄道車両の検査（法定検査）が、資金の不足により発注できない状況に陥っております。このままでは、元旦の輸送に支障をきたすばかりか、年明け早々に車両が不足し、現行ダイヤでの運行ができないことも予測されます。　社員一同、このような事態を避けるため、安全運行確保に向けた取り組むことはもちろんですが、資金調達の為にぬれ煎餅の販売にも担当の領域を超えて、取り組む所存でおりますので、ぬれ煎餅や銚子電鉄グッズの購入、日頃の当社電車の利用にご協力を賜りたく、お願い申し上げる次第でございます。

敬具

平成１８年１１月　吉日

銚子電気鉄道株式会社　代表取締役社長　小川　文雄
銚子電気鉄道労働組合　執行委員長　常陸谷恭弘
従業員一同

ぬれ煎餅購入と電車利用のお願いについての掲示
写真提供：銚子電気鉄道株式会社

道会社ではあるが副業としてぬれ煎餅を販売する、あの手この手を試してみて、最終的に「ぬれ煎餅を買ってください!!　電車修理代を稼がなくちゃ、いけないんです。」というお願い文をユーザーに伝達した。それを聞いたユーザーは、廃線直前のローカル線であるが、「頑張っている応援したいローカル線」という認識をもつようになる。価値リノベーションが行われた瞬間である。そして、その応援したいという認識は、ぬれ煎餅の購入や寄付活動といった行動によっても示された。これは、先に述べた弱いものを応援したいという「アンダードッグ効果」がはたらいたといえるだろう。

このようなユーザーからの反響を得て、銚子電鉄は感謝の気持ちをもち、恩返しをしていくことをモットーに据える。そして、多くの大手旅行会社がぬれ煎餅の銚子電鉄の存在を祈って、銚子観光ツアーを多く組むようになり、連日観光バスが何十台も来て、電車も超満員だったという。まさに「負」の状況から、ユーザーとの共創のなかでプラスの循環を生み出したといえる。

ぬれ煎餅がブームになったということだが、竹本氏は「ぬれ煎餅というニッチな商品だったからこそウケた。これが弱者の戦略、ランチェスター戦略にハマった」と語る。ランチェスター戦略は、元は軍事理論であり、企業間における弱者の戦略としても語られることが多い。

福永（二〇一八）は、企業間競争の原理原則として、「競合局面における敵と味方の力関係で勝敗が決まる」（三四頁）と述べる。全体の力関係ではなく、戦いの局面ごとの力関係で勝敗が決まるため、「局所優勢主義で戦えば、弱者逆転できる」（四三頁）と指摘する。つまり、広い領域で戦うのではなく、狭い領域に差別化して集中せよということである。ぬれ煎餅は、ニッチマーケットであった。竹本氏は次のように語った。

ぬれ煎餅というのは、実は亀田製菓さんもやっていたんですよ。でも、コストがかかっちゃうから撤退したんですよ。うちも同じようにコストはかかるんですよ。かかるけど、応援してくれる人がいるから、かなり高い値段で売れている。

普通のお煎餅だったら、ありふれているため興味をもってもらうにはインパクトが弱く、経営に影響を与えるほどの効果は得られなかったかもしれない。また、ランチェスター戦略に基づく弱者の戦略の一つとして福永（二〇一八）は、「接近戦」を挙げ、ビジネスにおける接近戦とは、「消費者・エンドユーザーの最終顧客に接近すること、密着すること」とし、「顧客との関係を強化し、ちょっとやそっとのことでは離れられない関係」になることが必要であると指摘する（一三一頁）。この接近戦について、竹本氏は次のように語った。

鉄道フェアというと一生懸命繰り出して、お客さんに対して「ぬれ煎餅買ってください」というように手渡しで売っていたんですね。お客さんと距離が近いところで販売している。月に三回くらい講演をしているが、会場の後ろにぬれ煎餅とかを並べてあるんですね。「売れ残ったら、私背負って帰ります」っていうと買ってくれるんですよ。それで講演会のギャラと煎餅は、要するに行商ですよ。講演行商です。行商しながら講演するという、まさに接近戦なんですよ。そういったことを繰り返して、現在があるんですけどね。

実際にお客様と相対することで、銚子電鉄に対する〝心からの応援〟の気持ちを生み出すことにもなっているといえるだろう。

鉄道会社〝なのに〟、食品（ぬれ煎餅）で経営を立て直そうとしている、その意外性も消費者を惹きつけ、応援の気持ちを駆り立てた。冒頭に「跳べないイルカラッキーくん」を紹介したが、彼も「イルカなのに……」という意外性が魅力的だった。このギャップは、応援の気持ちを駆り立てる一つの要因になっているかもしれない。正直な心の叫びがきっかけとなり好循環を生み出すことができたが、ただお願いすれば、いつでもお客様は好意的な感情を抱くのかというと、そうではなく、注意も必要であることは記しておこう。

ステーキ専門飲食店チェーン「いきなり！ステーキ」を例に出させていただくと、売上不振による店舗閉鎖の危機に際し、社長直筆で「いきなりステーキは日本初の格安高級牛肉の厚切りステーキを気軽に召しあがれる食文化を発明、大繁盛させていただきました。（中略）しかし、お客様のご来店が減少しております。このままではお近くの店を閉めることになります。（中略）

ぜひ皆様のご来店を心よりお待ちしております」というお願い文を掲示した。

一見、銚子電鉄のメッセージと似ている。ところが、SNSを中心に「上から目線ではないのか」という批判的な意見が相次ぎ、炎上を招くこととなった。このステーキ店は開業当時から人気店で、店舗拡大も積極的に行っていたが、このところの売上不振を受け、このお願い文掲示に至った。木村（二〇一九）は、お願い文のはずなのに、「日本初」「格安高級牛肉」「大繁盛」など自画自賛の言葉が並んでしまったことが本末転倒であり、また、自社サイドの非や営業努力の伝達が欠けていることが、ユーザーの反感につながってしまったと指摘している（『東洋経済オンライン』二〇一九年十二月十三日付）。

本書の副題は「負からのマーケティング」であるが、「負」であるからこそ正直なお願い文が響き、共感が得られ、再起への道がみえるのである。いきなりステーキも、お願い文掲示時点で「負」の状況ではあっただろうが、開業当初の成功という自負が見え隠れし、弱者とはみられなかったのだろう、判官贔屓の気持ちはなかなか醸成されなかった。「鉄道会社なのに、副業の食品（ぬれ煎餅）で頑張ろうとしている……」といった企業努力の姿勢をいかにみせるか、共感を生ませられるかが価値リノベーションへの分かれ目といえるのではないか。

無事、倒産を免れた銚子電鉄であるが、このようなストレートな訴えかけは、そう何度も使えない。「またか」「本当に困っているのか？」そう懐疑的な目を向けられてしまっては、むしろ逆効果である。銚子電鉄は、次なる戦略として、変化球「自虐」を打ち出した。

自虐戦略で伸びる　――銚子電鉄「まずい棒」――

「ぬれ煎餅を買ってください!!　電車修理代を稼がなくちゃ、いけないんです。」その正直なお願いが消費者に響いてブレイクとなった。本当に大変な状態を訴えかければ、助けてくれる人が周りにはいるということを銚子電鉄は学んだわけであるが、同じことは繰り返せない。次なるヒット商品は、その名も「まずい棒」であった。経営状況が「まずい」こととかけている。ぬれ煎餅の訴求のようにストレートな心情を訴えかけているというよりは、クスっと笑える変化球である。それでいて、経営がまずいんだな、頑張ってほしいな、買ってあげようかな、という気持ちを刺激している。竹本氏は次のように語る。

震災があったり、熊本でも地震があったり、天災で多くの方を失って、いまだに仮住まいの方がいるなかで、生活に苦労している方々がたくさんいらっしゃるなかで、またぬれ煎餅買ってくださいというわけにはいかないわけですよ。もう一度買ってくださいと同じことを繰り返せないですね。もっと大変な思いをしている方がたくさんいるにもかかわらず、またぬれ煎餅買ってくださいといったらまたかといわれるだけですね。そのようなところでちょっと捻りを加えるという感じで、自虐ネタを加えてクスっと笑っていただく、大変なんだなといって笑ってクリックしてもらって商品を買ってもらったらありがたいなという思いが、この数年あるんですよ。

まずい棒の商品画像を掲載したが、パッケージは日本を代表するホラー漫画家・日野日出志《ひのひでし》氏によって描かれたイラストである。下部にある電車の車輪は火になっている。そう、「火の車」だ。電車の表情も今にも泣きそうだ。ただ、車掌さんの表情はコミカル。この商品は経営状況がまずいことを訴えかけた自虐商品であるが、竹本氏は、これを「自虐」＋「ギャグ」で「自ギャグ」であるといった。これこそ、銚子電鉄

「まずい棒」
写真提供：銚子電気鉄道株式会社

ならではの、負からのマーケティングのポイントである。

そもそも観光列車には、一般的には絶景ポイントがつきものだ。しかし、先述したように、銚子電鉄にはそれがない。銚子はせっかく海沿いの町なのに、内陸部を走っている。そこで、景色をアピールするのではなく、電車自体の魅力を高めて集客を図る方向性を打ち出すことにしたようだ。「エンタメ電車」の登場である。「お化け屋敷列車」や「イルミネーション列車」など、電車自体を面白く、楽しい空間にする企画を数多く打ち出している。

そのようなエンタメ精神が色濃く企業DNAとして溢れているからこそ、経営状況がまずいということも、ギャグを交えて面白く伝えるのである。自社の経営状況がまずいということは、普通であれば「負」の状態のコンプレックスであり、外部に伝えるのには、ためらいの気持ちが生じるであろう。一般的には自社がどれほど優れているかを伝えることを優先したいところだ。しかし、銚子電鉄は、ぬれ煎餅での経験もあり、経営状況がまずいという状態を受け入れ、それに今度はギャグをプラスして外部に発信するということを続けている。そうした取り組みにより、銚子電鉄って面白いことをする企業だな、という印象を周りの人はもちはじめてくるであろう。

SNSでの自虐マーケティングとして、Twitter上で、「♯自社商品を自虐してみた」というハッシュタグが企業アカウントで流行ったということを先に触れたが、多くの企業が乗っかり、話題性もあった。しかし、その後も自虐戦略をずっと継続的に貫いている企業は少なく、ブームに乗っかり一瞬だけ……といったことが大半である。そこにはどこか自虐が悲しい、むなしいものという「負」の感情が拭いきれないからであろう。

自虐は確かに通常の訴求と一線を画すことができて注目されやすく、いわゆる〝バズる〟可能性が高い。しかし、炎上するリスクもあり、また社内の理解も得られにくい。商品開発部が、デザイン部が、営業部が……、長い時間をかけて生み出し、売り出してきた商品を卑下することに気が引けるのは想像に難くない。その一方で、銚子電鉄は自虐商品を継続的に売り出し続けているわけであるが、それは〝楽しい〟自虐（自ギャグ）である。単に卑下するだけでなく、自虐をみたお客様が、また社員自身が〝クスっと笑えるのか〟ということを念頭に置いている。竹本氏は次のように語る。

ただの自虐だと、自分を傷つけてしまうので惨めになってしまう。ギャグで笑いを通してしまえば、自分も傷つけずに済むわけですよ。誰も傷つかないのが自虐なんですよ。自虐もいろいろ滑ることがあるので、滑ったらおや？　自虐と思われたら、オヤジギャグですといって言い続けるみたいな。自虐ですかといわれたらオヤジギャグですといえるような手口も用意したうえで、走っているのが現状です。自虐は別に何も面白くないので、自虐に本当に笑ってもらう要素を加えないと気分が悪いですからね。

「負」の感情のまま終わってしまう自虐ではなく、決してエンタメ精神を忘れないことを意識されている。クスっと笑いながら、銚子電鉄を助けてあげようと思うお客様が増えている。

もう一つ、銚子電鉄の自虐商品を紹介しよう。「鯛《たい》パニック号」という電車を走らせる企画であり、鯛のお弁当を電車内で振る舞うエンタメ電車だ。銚子は魚が美味しい町であり、特に鯖《さば》が有名だが、鯛も有名である。鯛パニック号、なにか聞き覚えのある名称ではないだろうか。銚子電鉄の経営がパニックということとかけ合わせて鯛パニック号。そして、イギリスの大型客船「タイタニック号」とかけている。これまた「自ギャグ」である。

自虐商品は社長自らアイデアを出すこともあるし、社員や取引先がアイデアを出すこともあるようだが、鯛パニック号という名称は「一般社団法人日本だじゃれ活用協会」会長からアイ

鯛パニック号車両のヘッドマーク
写真提供:銚子電気鉄道株式会社

デアをいただいたようだ。列車運行日は四月十四日、これはタイタニックの日（タイタニック号が氷山に激突した日）であり、同時にSOSの日とされる。銚子電鉄は経営がパニックで、SOSを出している。列車運行日までSOSに合わせるとは、まさに自虐の極みであり、こだわりを感じさせる。

笑える要素を加えた自虐ということを意識されているが、前提として忘れてはならないのは、「商品力」である。鯛パニック号では車内で鯛料理を振る舞っているが、さすがは銚子の町だけあって味に申し分はない。また、まずい棒は、まずいといっているが、味はしっかりと美味しいのだ。

「自ギャグ」で笑いを届け、その先には自信のある商品が待っている。エンタメ列車など様々な企画において、リピーターが多いというが、商品力にウソがないということは、自虐をきっかけとして興味をもっていただいたお客様を離さないために重要だ。自虐をみて応援してくれて、わざわざ足を運んでくださったお客様にはしっかりおもてなしをする、これを意識している。伝え方ばかりに目がいってしまいがちだが、あくまでも商品力のうえに、伝え方がある。ただ、必ずしも商品力が明らかに抜きん出ていなくても、「自ギャグ」により楽しい気持ちで商品に触れてもらえることにより、商品に対する感情も変わってくる。

そもそも人は常にコンピューターのように合理的に物事を判断して意思決定をしているばかりではない。商品性能のような機能的価値だけではなく、それを使用することが楽しいのか、心地よいのかといった感情的価値も求められるのである。鯛パニック号では、単純に鯛料理を提供するのではなく、楽しい空間という付加価値を付けて提供している。

また、鯛パニック号乗車により、銚子電鉄の経営を助けるという消費することの意義、いわば利他的充足感も得られるわけである。自虐戦略は後者において、特に有効にはたらく。しかし、竹本氏の語るように、自虐だけだと傷つく人が出てしまうので、前者の〝楽しい空間〟とセットで提供することが必要なのである。それが、銚子電鉄の場合、ギャグを駆使するということであったのだ。それも、「日本だじゃれ活用協会」とコラボするなど、とことんギャグを盛り込む。

さて、序章で示したように、価値リノベーションは、事業者サイドとユーザーサイド（顧客や社会など）との相互作用によって果たされるわけであるが、銚子電鉄は一貫して「負」の状況にフォーカスする自虐戦略を歩むことで、「楽しく面白い、エンタメ企業」という新たな価値認識を得るようにもなってきている。

前節にて紹介したように、ぬれ煎餅での取り組みが功を奏し、売上も立っていたわけであるが、その時点でのユーザーの価値認識は、「頑張っている、応援すべきローカル線」、あるいは、取り組みが伝達しきれずに、まだまだ「単なる廃線直前のローカル線」といった「負」のイメージが大きいユーザーも多かったかもしれない。この状況に対し、「〇〇を買ってください!! 電車代を稼がなくちゃ、いけないいんです。」といった窮状を訴えかけることは使えない。ストレートな心の叫びは強力だが、何度も使えないのが難点であった。

そこで、銚子電鉄は、方向性を変えて、自虐を打ち出すこととした。自虐の伝達の仕方は、単なる卑下ではない。まずい棒や鯛パニック号といったダジャレを交えた笑える自虐である。経営難が続いているという「負」のコンプレックスともいえようことに対し、それを隠すのではなく、活用している。本章の冒頭にココ・シャネルの名言を記したが、まさに、「欠点は魅力の一つになるのに、みんな隠すことばかり考える。欠点をうまく使いこなせばいい」（山口二〇一七、三六頁）ということを、実行しているといえるであろう（ココ・シャネルは、欠点に対して自虐に取り組んでいたわけではないが、欠点の使いこなし方は人それぞれであり、銚子電鉄は自虐戦略を選んだのである）。

このギャグを交えた自虐戦略により、ユーザーの銚子電鉄に対する価値認識に変化が生まれ、「ユーモアに溢れている応援したい楽しいローカル線」と認識されるようになる。まずい棒の購入や鯛パニック号乗車といった行動に移すユーザーも多く、その売上は銚子電鉄を救うことに繋がる。

銚子電鉄は、このような企画の数の多さも特徴である。自虐を企画に取り入れる企業も多数あるが、銚子電鉄のように戦略の中心に据えている企業は少ないであろう。銚子電鉄は自虐戦略を中心に据え、数多く企画を実行することで、「銚子電鉄は面白い取り組みを果敢に実施する、楽しく面白い、エンタメ企業だ」という強固な認識がユーザーに生まれ、地域住民やスポンサーからも色々な自虐ネタが集まってくるようになったのだ。銚子電鉄はそのような外部からのネタを決して拒まない。「面白いと思ったら何でも取り入れていくスタンスをもっている」と竹本氏は語っている。

地域住民との共創により、変わる銚子電鉄 ―応援と感謝の形―

銚子電鉄に対して、寄付活動などの支援も多いというが、銚子電鉄はユーザーへの恩返しの気持ちを変わらずもち続け、自虐をきっかけとした取り組みに興味をもって、銚子に訪れる人を増やしていくことで、銚子の経済発展に寄与したいという想いを強くもっている。

そこで、銚子電鉄は、地域を巻き込んだ企画も積極的に実施している。昨今評判が高い商品として「ぬれ餃子」があるという。水分を多く含んだ春キャベツと銚子の源醤《げんしょう》（醤油の原型であり、旨味成分が豊富）を使用した餃子であるが、沿線地域と一緒になって企画された商品だ。竹本氏から次のように紹介いただいた。

このキャベツを作っているのは、銚子電鉄の線路の沿線にある農家なんですよ。旦那がアフロヘアなんですよ。だから、「アフロキャベツ」と名付けています。そのキャベツを使った餃子は、「これまで食べたことがない」とみんなから絶賛されています。私はこれを「かける事業」と呼んでいます。「銚子電鉄×どこそこの○○」というように利益を分かち合うということで、取り掛かっています。このようなことを通じて、「銚子電鉄がこの街にあってよかった」「ありがとう銚子電鉄」といってもらえるような会社になる。「ありがとう銚子電鉄」というのがシンプルではありますけど、当社の経営理念そのものなんですね。いままで多くの人に助けてもらってやってきて、我々としては「本当にありがとうございました」というように頭を下げてきてやってきた立場ですけども、ありがとうの向きを変える。「ぬれ煎餅」のときは、県外の方、地域外の方が助けてくれたという感覚がありますけども、いまは地域と一体になって銚子電鉄と地域が存続できるように手を合わせて頑張ろうということが高まっています。

このように、銚子電鉄の自虐戦略は、自虐が悲しくむなしいといった後ろ向きなものではない。〝楽しさを与えるきっかけ〟〝地域とのつながりをもつきっかけ〟として作用している。だからこそ、銚子電鉄は継続的に自虐を取り入れるのである。竹本氏は、次のように語ってくれた。

自虐は他人を傷つけない、ギャグにすれば自分が傷つかないということですね。自虐路線をこれからも突き進んでいきたいと思います。一年中自虐ネタを考えていますよ。

「『ありがとう銚子電鉄』といってもらえる企業になる」という方向性を示し、地域との共創に取り組んでいるが、昔から地域と密に関係性を構築できていたかというと、そうではなく、来たお客さんを「乗せてやる」というような態度の駅員もいたようだ。いまではローカル線の使命としても、地域とともに存続することを存在意義として社員一人ひとりが認識をもっているというが、それには時間もかかったようだ。竹本氏は次のようにも過去を振り返った。

必ずしも地域の皆さんから支持されて評価されている会社ではなかったと思います。そのようなところを、私が代表に就任してからは「お客様への誓い」ということで、経済改革のなかに「お客様から信頼され、愛されている鉄道を目指します」ということをスローガンにやったんですね。そのようなことが徐々に浸透して、いまはだいぶ良くなったなと思いますね。

これらのような取り組みにより、ユーザーから銚子電鉄への応援も、多くみられるようになってきている。そのいくつかを紹介したい。

二〇一四年、銚子電鉄の車両脱線事故が起こってしまった。車両がぐちゃぐちゃになってしまい、その修繕費用が一両二千万はかかるというから廃線も覚悟するほどであった。その状況を助けてくれたのが、地元の銚子商業高校の生徒だった。課題研究という授業の一環で、「銚子電鉄応援プロジェクト」を発足し、当時まだ一般的ではなかったクラウドファンディングを立ち上げ、実に五百万円ものお金を集め、寄付してくれたという（竹本二〇一九、六四頁）。

この取り組みはテレビ番組で再現ドラマとして放送された。それをたまたまみた地元のキャベツ農家の方がやってきて、高校生が頑張っているのだから我々も応援します、大人も負けていられないといって、三十万円を素手でもってきてくれたという。

また、地元の警察署と提携して、運転免許を返納した高齢ドライバーに子ども料金で電車に乗れるというサービスを実施しているという。このサービスに関して、竹本氏から次のようなエピソードをご紹介いただいた。

老夫婦が本社に来たんですよ。何しに来たのかなと思ったら、「免許を返納してきました。これからは銚子電鉄さんにお世話になりますので、よろしくお願いします」とわざわざ挨拶をしに来てくれたんです。このような人たちにとって銚子電鉄は唯一の移動手段、もちろんバスもありますけど、地域の重要な社会インフラだからより愛される鉄道を目指す、そして地域から必要とされることを目指そうということをモットーにやっています。

二〇二〇年、新型コロナウイルス（COVID-19）の脅威が世界経済に影響を与えたが、銚子電鉄も例外ではない。竹本氏にはちょうどこの脅威の最中、オンライン形式で取材を受けていただいていたのだが、その当日、十万円を寄付してくれた方がいたという。「銚子電鉄が大変だ！」と聞くと応援してくれる人が増えている。そのような人が定期的に電車に乗りに来て、町でショッピングをしてくれることで地域経済にも寄与する。銚子電鉄にとってこれはモチベーションになっている。「地域に大切にされているという思いが、我々にとっての喜び、認識である」と竹本氏は語った。

コンプレックスのある、ありのままの姿を受け入れようとする時代

ここまで、銚子電鉄の事例を中心として、劣勢状態にあるというコンプレックスが価値になることについて取り上げた。コンプレックスはなかなか外部にさらけ出しにくいという心理的ハードルは大きいであろう。しかしながら、昨今、ありのままを受け入れようという社会的潮流もみられてくるようになり、追い風となっていると考えられる。多様性を受け入れる時代ともいわれるが、皆が一律の方向性を向いている必要はなく、コンプレックスを抱えていてもそれが価値になり、認められることが増えてきている。一見コンプレックスと思われることも、受け手にとっては親近感を覚えたり、見方を変えたりすると長所になることもある。銚子電鉄の経営危機という圧倒的「負」の状態でも、だからこそ、応援者が増え、地域住民との関係性が構築されたのである。

ありのままにというと、二〇一四年公開のディズニー映画「アナと雪の女王」の主題歌「レット・イット・ゴー」を思い出される人も多いのではないか。映画は爆発的な大ヒットとなったが、この頃から、「ありのままで良いんだ」という社会的風潮がより強固に生まれてきたように思う。

分野は変わるが、ファッションモデルの表現性にも多様性がみられ、コンプレックスであったことを表現していくこともみられるようになっている。『GQ JAPAN』(二〇一五年二月六日付)の記事では、ファッションモデルのウィニー・ハーロウについて取り上げている。彼女は「尋常性白斑」という肌の一部が白くなる病気を患っており、幼い頃はそれが原因でいじめにも遭い、コンプレックスとして抱えていた。

しかし、二〇一四年アメリカのモデルオーディション番組「アメリカズ・ネクスト・トップ・モデル」に出演したことがきっかけで注目を浴びた。今やコンプレックスとして捉えていたことを「負」に感じさせないほどに個性の一部として活動し、支持するファンが多く存在する。翌年の二〇一五年には「DIESEL」の広告モデルに起用されるなど、世界で活躍するトップモデルとなっている。

ウィニー・ハーロウは、過去のインタビューで、自身の肌のブラウン部分を全部とってしまって白い肌にすることもできるが、その逆は不可能だと語った箇所があるという。なぜそれをしないのかという問いに対し、彼女は次のように答えたという。

もし、神様が私を黒人にしたかったならば、そうしただろうし、白人にしたかったなら、そうしたでしょう。でも、神様は私に両方を与えることを選んだ。オリジナルな存在として。だとしたら、それが私のあるべき姿ですから。

（『ＧＱ ＪＡＰＡＮ』二〇一五年二月六日付）

コンプレックスをさらけ出すことは、心理的ハードルがあり勇気のいることだ。しかし、その勇気に人々は元気づけられるし、「私もコンプレックスがあるけど、それは悪いことや責められることではないんだ」とホッとする。そして、逆境であっても果敢に取り組む姿に、いつしか応援の一翼を担いたいという気持ちが生まれるのではなかろうか。

ウィニー・ハーロウのように、コンプレックスを個性に変えて表現するモデルは増えてきている。一昔前であれば、それは難しい選択だったかもしれない。しかし、今は社会の流れが変わってきた。「完璧な状態」というのはないのである。ほとんどの企業はＮｏ．１ではないし、Ｎｏ．1企業も更なる改善に向けて日々奮闘している。良い面だけを取り繕うことよりも、「負」の状態にあっても取り組み続ける姿勢を表現する方が、とても人間らしくて支持される時代を迎えているのである。

序章に掲載した「日本人における基本的ニーズのシェア推移」（図０－２）では、「自由」ニーズのシェアが二〇一三年頃から緩やかに上がってきていたが、自由で、ありのままの姿で生活したいと感じる人が増えてきている。その思いは、〝他者〟の自分らしさも受け入れていこうとする気持ちにつながってきているのかもしれない。

コンプレックスが価値に変わる五つの要素

さて、ここまでコンプレックスが価値にリノベーションされることについて、身近な事象から、銚子電鉄を中心とした企業の取り組みまでを取り上げてきたが、振り返って価値化の要素を五つまとめておこう。五つの要素とは、(一)正直に自己開示する、(二)ギャップから興味を惹きつける、(三)利他的充足感を提供する、(四)他虐は絶対に避ける、(五)誰も傷つけない自虐を徹底する、である。

(一)正直に自己開示する

劣勢状態にあることをさらけ出すことで、それを支持する人々が多く存在するという事実に勇気をもって良いであろう。エイビスは二番手だということを明確に打ち出し、銚子電鉄は経営危機を正直にさらけ出したことにより、劣勢者を応援したくなるというアンダードッグ効果がユーザーにはたらいた。〝正直〟ということであるが、〝飾らない〟ということでもある。ここでは自社の優位性をアピールするのではなく、「負」の状態に取り組む企業努力を伝えることが必要である。

また、正直な「負」の情報は情報信頼性という意味でも効果をもつ。

世瀬・大林・千住（二〇一八）は、現代を「口コミ新時代」と称し、オネスト（正直）マーケティングについて語っている。そこではインターネット賃貸物件紹介サービス「グッドルーム」について紹介しているが、物件紹介サービスに「気になるポイント」の項目があり、たとえば、「眺望がよくありません。目の前の塀を猫が通り過ぎてびっくりしました」「収納がありません。ミニマムに生きましょう」などといった、売りポイントではないネガティブな情報を正直に発信している。グッドルーム株式会社当時社長の小倉弘之氏は、「辛口コメントを載せた方が、むしろ信用してくれる」と話している。内見後の成約率は一般的に五割程度とされるようだが、同社では八割近くという実績を出しているようだ（『日経MJ（流通新聞）』、二〇一八年二月十六日付）。

現代はSNS上での情報受発信が活発化しており、良い面も悪い面も容易に情報検索ができ、他の消費者がなんといっているかなどの情報が簡単に得られる時代にある。ステルスマーケティング（宣伝と気づかれないように良い口コミを提供することなど）が問題視されることも多々あり、今消費者の目線は非常に鋭くなっている。良い情報を得ることは事前の期待値が高まり、消費意欲も湧くが、その分自分が思い描いていた想定と異なった場合の気持ちの落差は大きい。良い情報を簡単に鵜呑みにしない消費者が増えてきているであろう。そんななか、あえてコンプレックスにあたる箇所を明記することで、情報の信頼性を高めている。

勇気をもってコンプレックスをさらけ出したとき、応援してあげたいという気持ちから消費者は仲間となり、また信頼に値する情報だという認知を得ることにつながるのである。

(二) ギャップから興味を惹きつける

コンプレックスは、「らしくない」ということがきっかけで発生することが多いであろう。「美人とは○○であるべき」「ビジネスマンは○○であるべき」などの固定観念を無意識に抱え、それにそぐわない場合(ギャップが生じている場合)に、コンプレックスとして意識されるのではなかろうか。しかし、先に紹介したウィニー・ハーロウの生き様が支持されるように、「○○らしいこと」が強要されにくくなってきた時代を迎えてきており、「美人なのに○○」「ビジネスマンなのに○○」というギャップは、好奇心にもつながり、個性として活きてくる可能性を大いに秘めているだろう。

本章で述べた事例でいうと、「イルカ〝なのに〟跳べないラッキーくん」、「鉄道会社〝なのに〟食品関連売上が約七割」といったことが該当するが、「ん? どういうことだろう、なんで? 見てみたい」という気持ちを読者も感じたのではなかろうか。こうしたギャップは、自虐ではあるが、ユーモアさを感じさせる。銚子電鉄は「電車〝なのに〟自転車操業」というキャッチフレーズも打ち出している。意外性のある自虐は、興味関心を得るうえで有効だ。

（三）利他的充足感を提供する

利他的充足感とは、コンプレックスを抱える劣勢状態にある者を支持する、助けることで、社会的に良いことをしたという満足感をユーザーに与えるということである。正義のヒーローの感覚とまではいわないが、良いことをしたという認識をもつことは心地の良いことであり、消費の理由付けになるであろう。

モノが溢れ、市場が成熟化され、製品がコモディティ化していく世の中、すなわち、似たような商品がズラリと並ぶなかでは、商品の選択も難しくなってきている。似た商品・サービスであれば、これといった理由はないが、価格の安い商品、名が知れた商品だから……ということで購入に至るケースが多いであろう。そんななか、あえて劣勢状態を示すことで〝応援したい商品・サービスだから〟消費をするという新たな消費理由を提供できるのである。

このような消費理由を後押ししている社会的背景の一つとして、クラウドファンディングの広がりが挙げられるだろう。クラウドファンディングはインターネット経由で他の人々や組織に資金提供などの協力を行うことであり、組織の活動や夢などに共感し、応援したいという気持ちから協力者が増えていく。近年このような動きが広がりをみせているように、「応援する」ということには消費へと動かす大きなパワーがあり、事業目標が達成された暁《あかつき》には、その理由に自分自身が含まれているという充足感を得ているのである。消費することで何かに貢献したといった利他的充足感が得られるかどうかということは、商品への興味をもってもらったものの、それでおしまいとならないために、確認すべきポイントといえよう。

(四)〝他〟虐は絶対に避ける

コンプレックスを活かすうえでの自虐戦略への取り組みのなかで、「ディスり」だけが先走ってしまい、対象を見失ってはならない。自虐という名のとおり、対象は「自分」であるのは当たり前と感じられるかもしれないが、安易に取り入れて失敗するケースでは、実は「他虐」だったということが多い。つまり、銚子電鉄が銚子電鉄自体を自虐して好意的に受け止められたが、沿線の町のことを悪くいっていたら結果は違ったはずだ。冒頭に紹介した映画「翔んで埼玉」は、埼玉の町、県民をディスって描いているが、埼玉県の細かなリサーチなどを入念にし、埼玉県民を〝一番よく知っている〟状態にまでもっていったうえでの、自虐なのである。観客は、映画「翔んで埼玉」を、自分たちをよく理解してくれている「仲間」として認識したことで共感が生まれた。

一方、失敗してしまった事例を一つ挙げると、キリンビバレッジ株式会社が二〇一八年に公式Twitterで「みなさんの周りにいそうな午後ティー女子」と題されたイラストを投稿し、炎上を招いてしまったということがあった。「午後の紅茶」を飲んでいそうな女性を「モデル気取り自尊心高め女子」など四種類のパターンで紹介し、それぞれの特徴を皮肉交じりに解説するコメントを付けていた。これが「顧客に対して失礼ではないのか」ということで批判のコメントが相次いでしまった。同社はこれを受け、お詫びとイラストの削除という対応をとった。顧客層を〝イタい女子〟扱いすることや、女性同士の〝悪口〟〝陰口〟で笑いを取ろうとしていると顧客が感じてしまったため、反発があったと指摘される(『日経トレンディ』二〇一九年三月号)。これは、自社製品のことをいっているようで、実は「他虐」になってしまっていたのだ。

(五) 誰も傷つけない自虐を徹底する

五つ目は、銚子電鉄が一番大切にしていたポイントであった。(四)の「〝他〟虐は絶対に避ける」を押さえたうえで、他者も身内(自分自身や社員、社員の家族など)も誰も傷つかない自虐を実行することが、持続可能性という点においても重要である。

銚子電鉄の事例においては、自虐に「ギャグ」をプラスして「自ギャグ」と紹介したが、ディスりのなかにも〝クスっと笑える要素〟を入れることで、何回も自虐をしても虚《むな》しくならない。銚子電鉄の自虐の内容は、経営危機ということは毎回同じなのであるが、笑えるネタを変えてどんどん企画を打ち出すことによって、価値のリノベーションが何周も循環していき、「ユーモア溢れる楽しいローカル線」「楽しく面白い、エンタメ企業」という価値認識がどんどん強固なものになっていったのである。

正直に惨状を訴えかけるということは、内容が同じであれば繰り返しては使えないが、銚子電鉄は笑えるネタを入れていくことで継続的な伝達が可能となった。そして、自虐によって応援してくれるお客様がいるという事実に感謝し、その人たちに笑いを届けていくというエンタメ精神を中心に据えることで、更なる共感者を増やすことにつながっていた。銚子電鉄は、コンプレックスを個性として〝楽しさを与えるきっかけ〟〝地域とのつながりをもつきっかけ〟に昇華させ、誰も傷つかない自虐を実現しているといえよう。

以上、五つの要素は、あくまでも本章で扱った事例を基に抽出したポイントではあるが、ぜひコンプレックスのある「負」の状態を不遇に思わず、本章冒頭のココ・シャネルの言葉を借りると「欠点をうまく使いこなせばいい。これさえうまくゆけば、なんだって可能になる」（山口二〇一七、三六頁）を心に、価値リノベーションに臨んでほしい。

第五章
黒歴史が価値になる

〜広島平和記念資料館
二〇一九年の
本館リニューアルを事例として

結論を聞きたいという気持が我々の心の中には非常に強いので、我々は「歴史」や政治に、不可抗力的に、筋が通らぬままに、結論を導入する。我々は出来事のつながりを然るべき形で複数の悲劇に裁断し、終結した戦争は明確に終わった出来事として提示しようとする。言うまでもなく、そうした気持は残念ながら幻想である。

ポール・ヴァレリー『精神の危機　他十五篇』（恒川邦夫訳）岩波文庫（二〇一〇）、一五六頁

プロローグ

本章で扱う「負」の事象は、「黒歴史」である。黒歴史は、富野由悠季《とみのよしゆき》監督のアニメーション作品「∀《ターンエー》ガンダム」をルーツとする言葉で、俗に「振り返るのも恥ずかしい過去という意味で使われ、インターネットで広まった」（上別府二〇一九）といわれている。「∀ガンダム」において黒歴史は、禁忌（タブー）の存在となった過去数百年にわたる様々な宇宙戦争の歴史のことをいう（『電撃データコレクション』編集部・小林徹也二〇〇七、六六頁）。作品をご覧になった方ならご理解いただけると思うが、「∀ガンダム」作中での黒歴史は、タブーのニュアンスだけでなく、「忘れてはいけない歴史」「繰り返してはいけない歴史」という教訓的な意味合いも含まれているように思われる。

本章では、「∀ガンダム」における黒歴史の意味をベースに、黒歴史を「災害、戦争、疫病など、人類が教訓とするべき負の歴史」と定義して使用する。災害、戦争、疫病にまつわる負の歴史は、後世の人々に教訓を残す場合もあるが、ある種のタブーとして封印され、忘却される場合もある。その意味で、本章では「負の歴史」という言葉を「黒歴史」の定義に取り入れた。

我が国は、地震、津波、台風、洪水など「自然災害」の多い国として知られており、近年も数々の被害を被っている。また、「戦争」においても、近年「平和ボケ」といわれる日本人ではあるが、ほんの七十五年前には「欲しがりません勝つまでは」のスローガンのもと「世界戦争」に参戦し、国土が焦土になることを経験した。「疫病」については、二〇二〇年に入って、中国・武漢に端を発するといわれる新型コロナウイルスなる疫病の災禍のなかにある。我々日本人は、幾多の黒歴史という「負」の出来事のうえに生きている、といっても過言ではない。

価値リノベーションとは、序章で述べたとおり、マーケティング活動によって「負」の事象が顧客や社会にとって価値あるものに意味転換されることである。黒歴史は、誰にとっての、またどのような価値にリノベーションされるべきものだろうか。その問いには、様々な応え方がありうる。たとえば、黒歴史が忘却されることを防いで再び繰り返されないよう、後世に生きる人々にとっての教訓になるような価値が黒歴史からリノベーションされるべきだという応え方もあるだろう。

しかしながら、黒歴史における価値リノベーションには一筋縄ではいかない側面もある。黒歴史は、「死」や「破壊」といった現象をともなうからである。それにより、悲しみや恐怖といった感情が呼び起こされるだけの存在となり、タブー視され、「消してしまいたい」ということにもなりかねない。また、うまく教訓化できたとしても、ある種の類型化・パターン化を通じて、黒歴史が神話やシンボルのようなものになることで、教訓が形骸化するリスクも孕《はら》んでいる。こうした、「教訓にすべきだが消してしまいたい」という複雑な心理側面や「教訓の形骸化リスク」に配慮できないと、黒歴史の価値リノベーションは、やがて停止することになるだろう。

本章では、黒歴史のなかでも、広島における原子爆弾（原爆）の惨禍に注目する。人類の頭上にはじめて投下された原爆は、広島の街を灰燼《かいじん》に帰せしめた。原爆の惨禍を経験した広島は、戦後めざましい復興を遂げ、現在では核兵器廃絶と世界恒久平和の実現を世界に訴えている。

二〇一六年に広島で開催された「国際平和のための世界経済人会議」では、現代マーケティングの世界的権威であるフィリップ・コトラー氏が招聘《しょうへい》され、世界ではじめてとなる平和とマーケティングに関するシンポジウム「マーケティング・ピース・カンファレンス」が開催された。

この「国際平和のための世界経済人会議」を開催した広島県「平和推進プロジェクト・チーム」に話を伺ったところ、コトラー氏からは、（一）核兵器をはじめとする兵器の削減、（二）憎しみの連鎖を減らす、（三）愛を高める、という三つの提言がなされたという。この提言をもとに、「持続的な平和の対話の場の構築に向けての声明」が発表された。さらに、この提案を受け二〇一七年にはミニフォーラム、二〇一八年からは毎年「世界経済人会議」が開催されている。

また、ＳＤＧｓ（持続可能な開発目標）ビジネスの具体的な取り組みの創出を図るため、二〇一八年からは「広島ＳＤＧｓビジネスコンテスト」が開始されている。国連の開発目標ＳＤＧｓにおける「Ｎｏ．16平和」の推進を中心に据えたまちづくりにも取り組むこととなり、二〇一八年には国から「ＳＤＧｓ未来都市」の一つに選定され、次期国連目標に「核兵器のない世界」が位置づけられることを目指して、国際平和の取り組みへ多様な主体の参画を図っていくための取り組みを進めているという。

広島の復興の軌跡と平和都市としてのポジショニングの成功は、「原爆の惨禍」という黒歴史が「平和」という意味に転換された価値リノベーションの事例として捉えることもできるだろう。いわば、「原爆＝平和」というほどの意味転換である。「平和」という価値は、武器商人や特定の政治家など戦争を起こしたい人々を除き、ほとんどの人類にとって承服できるものといえる。しかしながら、被爆者の高齢化にともない原爆の惨禍が忘却されるなかにあって、「平和」が具体的にどのような価値をもつものなのか、「戦争を知らない世代」には認識されづらくなっているのもまた事実である。

本章では、こうした背景のもと、原爆の惨禍という黒歴史が価値にリノベーションされ続けている事例として、広島平和記念資料館（通称：原爆資料館）を取り上げる。なかでも、二〇一九年四月にリニューアル・オープンした「本館」の常設展示リニューアルの取り組みに焦点を当てる。このリニューアルにおいて、「本館」の常設展示は「被爆の実相」と名づけられ、大幅なコンセプト転換により刷新された。このリニューアルの陣頭指揮を執った前館長（第十二代館長）の志賀賢治氏、ならびに現・副館長の加藤秀一氏の両氏に対する取材に基づき、どのように価値リノベーションが実現されていったのかを紹介する。

確かに平和とマーケティングの関連性に違和感をもつ読者は多いかもしれない。しかし、マーケティングには平和の実現や貧国の撲滅といった社会的な価値創出を志向する「ソーシャル・マーケティング」の流れが伝統的に存在する。ソーシャル・マーケティングには大きく二つの流れがあり、一つは、コトラー（Kotler, P.）に代表される「非営利組織のマーケティング」、もう一つは、レイザー（Lazer, W.）に代表される「社会志向のマーケティング」である（和田・恩藏・三浦二〇一二、三一二－三三六頁）。広島の平和活動や広島平和記念資料館の取り組みは、このソーシャル・マーケティングの文脈で解釈することが可能である。

「あの日」――一九四五年八月六日―

一九四五年八月六日午前八時十五分、アメリカ軍の爆撃機B29エノラ・ゲイ号は、高度九六〇〇メートルの上空から原爆「リトルボーイ」を広島市に投下した。この一発の爆弾は、広島市の上空約六百メートルで爆発した。これが人類の頭上に投下されたはじめての核兵器となった。

原爆の爆発によって放出されるエネルギーは、熱線、衝撃波、爆風、放射線の形をとって、広島の人々を襲った。広島市・長崎市原爆災害誌編集委員会（一九八五）によると、熱線、衝撃波、爆風、放射線は以下のように生じたという（五九–七〇頁）。まず爆発の瞬間に、あらゆる物質を透過する「放射線（中性子やガンマ線）」と「熱線（赤外線など）」が放射される。この熱線によって、爆心地の地表の温度は、摂氏三千度から四千度に達したと推定されている。熱線とともに衝撃波が発生し、それは爆発地付近では音速以上の速さで進み、やがて音速と同程度の速度に減少する。衝撃波が通過した後方の空気が高密度・高温度となることで、衝撃波よりも遅い速度で生じたものが爆風である。この衝撃波と爆風が広範囲の建造物を壊滅させた。

ＮＨＫ広島放送局が企画・制作したテレビ番組である『ＮＨＫ特集「原爆投下・10秒の衝

撃』』（一九九八年八月放送）は、原爆爆発の「一〇秒間」における破壊現象を科学的に検証している。この番組では、この一〇秒間を（一）爆発直前の〇秒から一〇〇万分の一秒、（二）爆発の瞬間である一〇〇万分の一秒から三秒（火球が発する熱線と衝撃波が地上を襲う）、（三）衝撃波によって半径四キロの広島市が壊滅する三秒から一〇秒、という三つの段階に分けて検討している（小河原二〇一四、八六－九二頁）。

（一）の段階では、原爆が爆発する直前にも関わらず、あらゆる物質を透過する放射線が発生し、建物の中にいる人々の細胞組織を破壊する。（二）の段階では、先述したような火球が出現する。〇・五一秒後に火球は小さくなり始め、一・七秒後からきのこ雲が出現し始める。（三）の段階では、原爆爆発の三秒後に一・五

米軍機より撮影したきのこ雲
写真提供：広島平和記念資料館（1945年8月6日、米軍撮影）

キロ、七・二秒後に三キロ、一〇・一秒後に四キロに、というように衝撃波と爆風が広がっていく。このようにして広島市は一〇秒以内に壊滅した。爆心地からの衝撃波・爆風が通過した後には、逆の方向から強烈な吹き戻しがやってきたという。

広島に投下された原爆一発が放出したエネルギーを通常爆弾の爆薬TNTの量に換算すると、約一万二五〇〇トンにもなるという（広島市・長崎市 原爆災害誌編集委員会一九八五、五七頁）。一九四五年当時、世界最大の爆撃機だったB29ですら約五トンの通常爆弾しか搭載できなかったため、この原爆一発がどれほど強大なエネルギーを放出したのかが分かるだろう。原爆一発がB29四千機以上の通常爆弾による爆撃に匹敵するほどのエネルギーを放出したのである。

広島にいた人々は、原爆による「熱線」「爆風」「放射線」によって、「熱傷」「外傷」「放射能症」という三つの病変に見舞われた。広島市・長崎市 原爆災害誌編集委員会（一九八五）に基づき、以下にその被害状況をみておこう（九二－一四〇頁）。

まず、「熱傷」である（九三－九九頁）。広島への原爆投下によって、多くの人々が熱傷を負った。熱傷は、「第一次原爆熱傷（射熱傷）」と「第二次原爆熱傷（焦熱傷・触熱傷・炎熱傷）」に分けられる。広島での被爆時の熱傷は、この第一次と第二次の熱傷が混在したものである。第一次原爆熱傷は、原爆の熱線が直接人体に達して生じる。第二次原爆熱傷は、原爆の熱線のために生じた火災によって間接的に生じた熱傷である。第一次熱傷には一度から五度までの段階があり、皮膚が赤くなる（発赤する）という一度から、二度以上になると、表皮の組織が死滅して白っぽく凝固する、水泡が多数生じたり表皮が黒こげて炭化する（五度）、といったものまでがある。熱線のエネルギーが大きいと、炭化するだけでなく内臓までが即時的に蒸発して即死することもある。広島では、爆心地一キロ以内でもっとも重度の五度以上の熱傷が生じ、一度から四度の熱傷は三・五キロに及んだ（九四頁）。

次に「外傷」である（九九－一〇二頁）。爆風による外傷は、爆風から直接受ける「第一次損傷（爆風傷）」、建物などの破壊にともなって生じる「第二次損傷（埋没損傷・圧迫損傷・破片損傷）」がある（九二－九三頁）。第一次損傷については、検証することが困難なため被害の実態はあまり明らかにされていない。即死を免れた被爆者の第二次損傷としては、打撲症・裂創・切創・骨折が主なものだったという。なかでもガラスの破片が突き刺さる破片創は、もっとも頻度が高くみられたという。

三つ目として挙げられるのが「放射能症」である（一〇二－一一二頁）。放射線は人体奥深くまで透過し細胞を傷害する。その症状は照射された放射線の線量によって異なる。一〇ラドで、リンパ球などの異常、一〇〇ラド前後では、はじめ悪心《おしん》や嘔吐《おうと》、続いて一過性の白血球減少、貧血などの症状となる。一〇〇〇ラドでは骨髄の広範な破壊を生ぜしめ、強い白血球の現象、貧血、出血傾向、胃腸粘膜の荒廃などをともなう重い放射線病が発生し、多くは三十日以内に死亡するという。一万ラド以上を全身に照射されると完全に致死的となり、失心、昏睡《こんすい》を経て数時間以内に死にいたる。広島の爆心地では、ガンマ線一万〇三〇〇ラド、中性子線一万四一〇〇ラド、爆心地から五〇〇メートルでは、ガンマ線二七九〇ラド、中性子線三一五〇ラドであった。爆心地を中心に半径五百メートルの範囲では、遮《しゃ》蔽物《へいぶつ》のない状態であれば、完全に致死的であったことが分かる。

また、このように直接的な放射線の作用は受けなかったものの、二次的に被爆したと推定される者も存在した（一一三－一一五頁）。爆発後、残留放射能が消滅しないうちに爆心地近くに立ち入った人々（早期入市者）や、いわゆる「黒い雨」、フォールアウト（放射性降下物）に接触した人々である。早期入市者には、家族や知人の安否をたずねた人々、救護活動や焼け跡

広島県産業奨励館(原爆ドーム)と爆心地付近
写真提供：広島平和記念資料館（1945年11月、米軍撮影）

の整理作業に従事した人々、急設の救護所や収容施設で負傷者の手当・看護、遺体処理に従事した人々などがいた。被爆による即死、即日死、急性期の死亡を免れた人々においても、ケロイド、原爆白内障、白血病、悪性腫瘍、染色体の異常など、深刻な影響を及ぼした（一一六－一四〇頁）。

原爆の爆発によって、広島は破壊し尽くされ、焼き尽くされ、多くの人々の生命が奪われた。生き残った人にも甚大なる後遺症や深い悲しみを残し、いまなお多くの被爆者とその関係者が苦しんでいる。しかしながら、「原爆によって、いったい広島で何人が傷つき、何人が死んだのかという被爆の実態を示す最も基本的な数字が、現在に至るまで特定されていない。これまでに出された死亡者数は、すべて推計で、その数も約四万人から二十数万人までといく通りかある。それは、数の確認をしようにも、元になる寄留簿や正確な戸籍簿などがないため算定する方策がないからである。」（小河原二〇一四、五頁）。文字どおり、広島は灰燼に帰したといえる。

広島平和記念資料館の概要

広島平和記念資料館（通称：原爆資料館）は、原爆の爆心地のほど近くに位置する広島平和記念公園の敷地内にある。爆心地となった旧中島地区付近は被爆前、にぎやかな繁華街だった。一発の原爆によって、街は瞬時に壊滅した。その場所に、広島平和記念資料館はある（図5－1）。

広島平和記念資料館の前身となる「原爆参考資料陳列室」が広島市中央公民館の一室に設置されたのは、一九四九年九月のことだった（佐藤二〇一六、一〇三頁）。「原爆参考資料陳列室」には、広島平和記念資料館の初代館長に就任することになる長岡省吾氏らが収集した被爆資料が展示された。責任者には長岡氏が就任した。やがて手狭となった原爆参考資料陳列室は、公民館の隣に新しい建物が建てられることでそこに移設され、一九五〇年八月六日に「原爆記念館」として新たに開設される（佐藤二〇一八、一一〇頁）。その後、広島平和記念資料館として現在の地に一九五五年八月二十四日の開館に至る。

広島平和記念資料館ホームページによれば、現在の広島平和記念資料館の建物は「本館」と

図5-1　広島平和記念資料館とその周辺

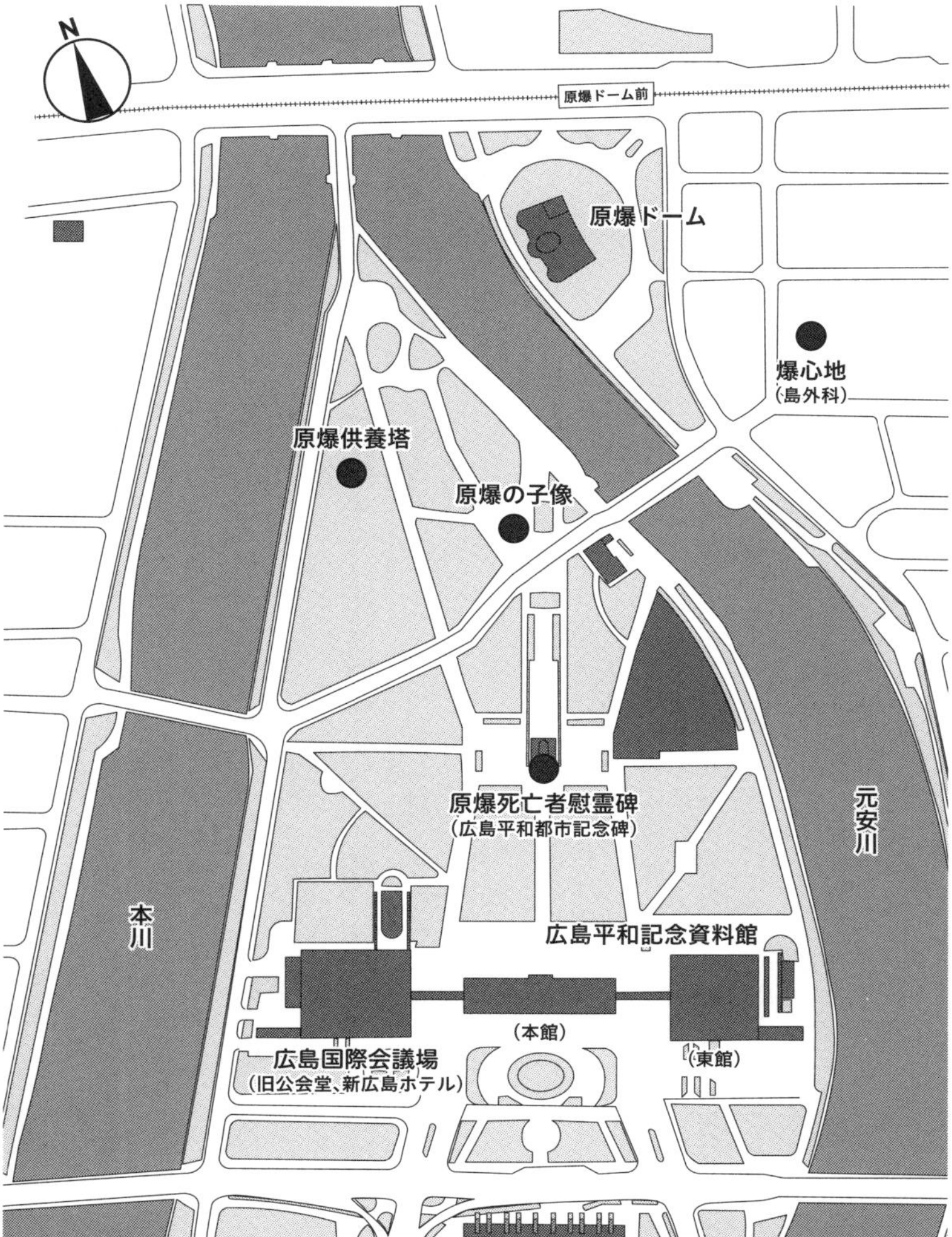

出所：著者作成。

「東館」からなる。建物の延床面積は、本館約一六一五㎡、東館約一万三六〇〇㎡である。設計は、平和記念公園の全体設計を担当した建築家・丹下健三氏の手によるものである。一九七五年八月に「建物の老朽化と資料の劣化に対応するため、初の大規模改修を行い、展示内容を一新して開館」、一九九一年八月に「二度目の大改修で大型模型や大画面映像を取り入れ、新装開館」、一九九四年六月には、「展示・収蔵機能や平和学習の場を充実するため、平和記念館を改築し、『平和記念資料館東館』として開館」している。これにより、東館は「被爆前までの広島、原爆の開発から投下まで、核時代の現状や広島の平和への取り組みについて展示」し、本館は「被爆者の遺品や写真などを展示」する形となった。本館は二〇〇六年七月、戦後建築としてはじめてとなる国の重要文化財に指定されている。

近年では、広島市によって策定された「広島平和記念資料館更新計画」（二〇〇七年一月）、「平和記念資料館展示整備等基本計画」（二〇一〇年七月）に基づき、二〇一七年四月に東館が、二〇一九年四月には本館がリニューアルオープンしている。「平和記念資料館展示整備等基本計画」（二〇一〇年七月）の記述をみると、「戦争体験のない世代が人口の約四分の三を占め、被爆者が高齢化していく中で、どのように被爆体験を継承・伝承していくかが大きな課題となっており、被爆の実相を伝える施設としての平和記念資料館の役割はますます重要になってきている」とある。このことから、リニューアルにおけるコアターゲットとして、「戦争体験のない世代」

が強く意識されていることが分かる。

本章が価値リノベーションの事例として取り上げる、二〇一九年の「本館」リニューアルオープンに至るまでには、広島市によって策定された「広島平和記念資料館更新計画」(二〇〇七年一月)から約十二年、「平和記念資料館展示整備等基本計画」(二〇一〇年七月)から約九年を要している。この点について、副館長の加藤秀一氏は、以下のように語る。

更新計画の策定にあたり、二〇〇三年度から来館者(国内・海外)、被爆体験証言受講団体、学識経験者、資料館資料調査研究会委員から意見聴取し、とりまとめた意見について、二〇〇五年十一月から十二月に市民意見募集をしました。二〇一〇年八月から約九年間、展示検討会議(被爆者、マスコミ・平和・デザイン・放射線医学・精神医学・都市計画等の学識経験者などの委員)において、具体的な展示内容について議論をしました。展示検討会議は公開の場で行うとともに、議事内容を公開しました。

二〇二〇年七月現在、東館では大きく三つのゾーン(「導入展示」「核兵器の危険性」「広島の歩み」)、本館では「被爆の実相」が大きく二つのゾーン(「八月六日のヒロシマ」「被爆者」)に分けられて展示されている(広島平和記念資料館ホームページ)。本館には被爆者の遺品や被爆の惨状を示す写真や資料が常設展示されており、東館では核兵器開発の歴史、核兵器の仕組み、広島の歩みなどが常設展示されている。

館内の順路は、東館一階エントランスから入場して三階まで上がり「導入展示」、渡り廊下を進み本館の「被爆の実相」、再び東館に戻り三階の「核兵器の危険性」、二階「広島の歩み」を経て、最初に入場した一階のエントランスに戻るという流れになっている。

常設展示のほかにも、東館三階にある被爆者証言ビデオコーナーでは、被爆者の証言をタッチパネルの操作によって自由に視聴することができる。様々な企画展示も行われており、筆者（水師）が訪れた二〇二〇年六月二十五日には、アニメーション映画「この（さらにいくつもの）世界の片隅に」とのコラボレーション企画「この世界の（さらにいくつもの）片隅に　広島のすずさん展」が催されていた。加藤副館長に話を伺ったところ、「時代とともに被爆者や関係者の高齢化が進み、戦争の記憶が薄れている若い人々に原爆のことを伝える取り組みの一つでもある」という。また、被爆者による被爆体験講話会の実施や平和学習のための資料の貸出しも行われている。

広島平和記念資料館の入館者数は、一九五五年の開館以降、増加傾向にある。二〇一九年度の入館者数は約百七十五万九千人に及び、そのうち外国人は約五十二万三千人である（図５－２）。

過去に海外から来訪した著名人も多く、インド初代首相ジャワハルラール・ネール（一九五七年）、キューバ革命の指導者であるチェ・ゲバラ（一九五九年）、哲学者のジャン＝ポール・サルトル（一九六六年）、ローマ教皇ヨハネ・パウロ二世（一九八一年）、カトリック修道女マザー・テレサ（一九八四年）、ロシア連邦初代大統領ボリス・エリツィン（一九九〇年）、キューバ共和国初代国家評議会議長フィデル・カストロ（二〇〇三年）、チベット仏教最高位者ダライ・ラマ十四世（二〇一〇年）、アメリカ合衆国第四十四代大統領バラク・オバマ（二〇一六年）などが広島平和記念資料館を訪れている（佐藤、二〇一八、一七四頁）。

また、旅行者向けのクチコミ情報サイトである「トリップアドバイザー」の「旅好きが選ぶ！　外国人に人気の日本の観光スポット二〇

図5-2　広島平和記念資料館の入館者数の推移

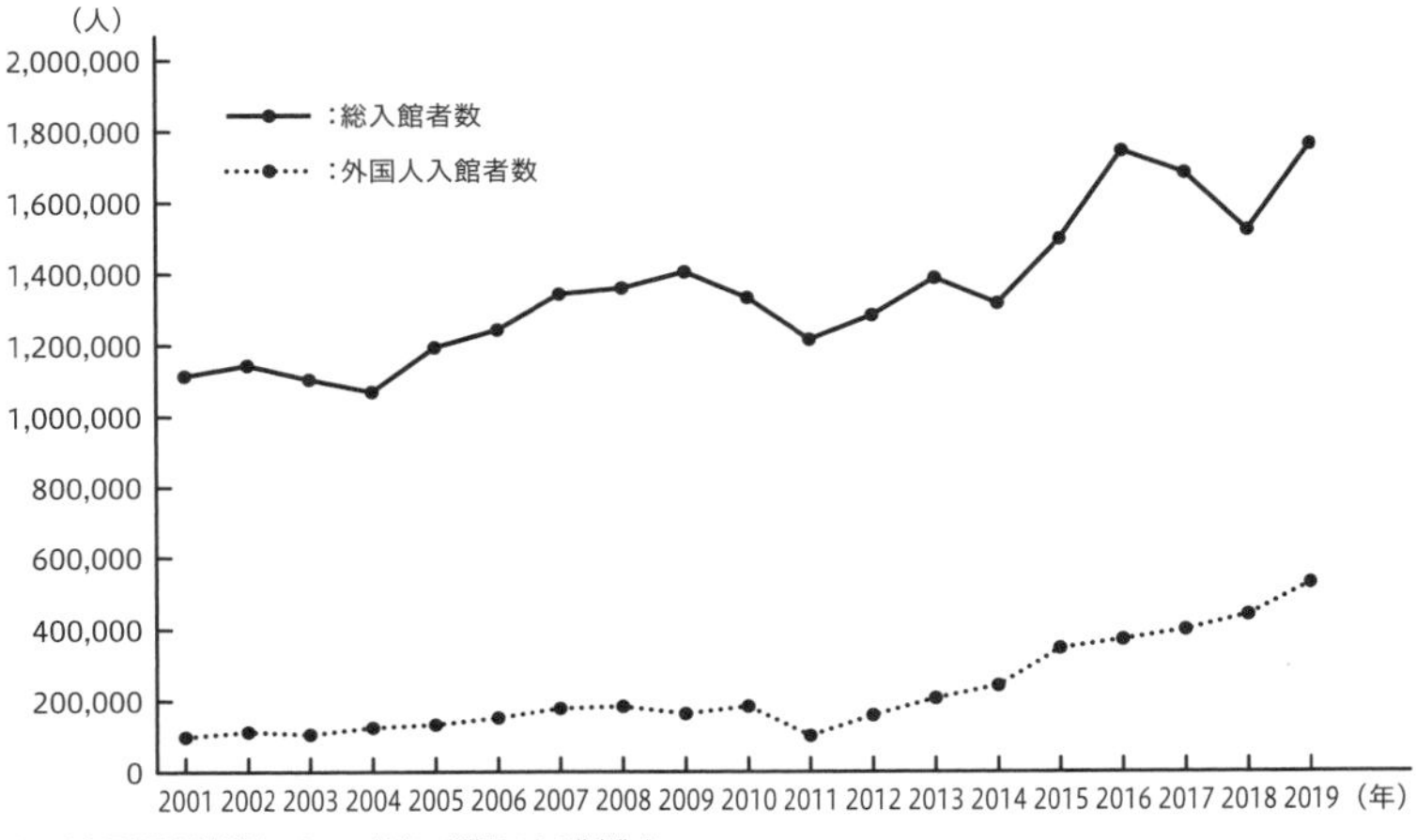

出所：広島平和記念資料館ホームページより一部修正のうえ著者作成。

二〇」では、昨年まで六年連続で一位だった伏見稲荷大社が二位に後退し、広島平和記念資料館（原爆ドーム・平和記念公園等を含む）が一位となっている（トリップアドバイザーホームページ）。同ホームページによれば、「歴史的に重要、とにかく行くべき、といった他の旅行者へ呼びかけるような口コミが多く見受けられた」とのことだ※1。

リニューアルした本館の常設展示「被爆の実相」

ここからは、本章が価値リノベーションの事例として取り上げる、二〇一九年四月にリニューアル・オープンした「本館」の常設展示「被爆の実相」の概要についてみていこう。

本館に入る前に来館者は、東館三階の導入展示ゾーンを体験する。はじめに被爆前の広島の写真の展示を過ぎると「失われた人々の暮らし」と題された空間が現れる。この「失われた人々の暮らし」と題された空間の壁一面には、被爆当時の焼け野原となった広島のパノラマ写真が大きく引き伸ばされている。その空間の中央付近には、「広島市街地を模した白いジオラマに原爆投下時のCG映像を投影し、一瞬で街が破壊された様子を再現する『ホワイトパノラマ』が設置」（丹青社ホームページ）されている。

加藤副館長に話を伺ったところ、このホワイトパノラマが設置される以前の資料館では、「原爆は広島に何個落とされたのですか」と聞く来館者がいたという。つまり、原爆がたった一発しか落とされていないことを、このホワイトパノラマをみてはじめて知る人も存在するのである。

東館三階の導入展示ゾーンを経て渡り廊下を渡ると、そこが「本館」である。本館のエントランスには、「被爆の実相」と刻印されたプレートとともに被爆した少女の写真が大きく掲げられている。その先に進むと、壁高く大きく引き伸ばされた原爆のきのこ雲の写真が現れ、圧倒される。

二〇一九年四月にリニューアルオープンした本館の常設展示「被爆の実相」は、「八月六日のヒロシマ」と「被爆者」の二つのゾーンで構成されている。この二つのゾーンは全体的にやや薄暗い照明となっている。加藤副館長によると、展示されている被爆者のワンピースや学生服など光による遺品の劣化を防ぐのが大きな理由であるという。こうした理由から、できるだけ一年程度で展示遺品を入れ替える配慮もしているとのことである。二〇一九年四月の本館リニューアルでは、原爆を「国家」の論理ではなく「人間」の立場からみる視点を全体にわたり大切にしたという。そのため、来館者が「人間」を意識し、イメージしやすいよう、可能な限り遺品には「遺影」を併せて展示している。加藤副館長は語る。

金井利博さんという元・中国新聞の論説主幹の方が、「原爆は威力として知られたか、人間的悲惨さとして知られたか」という有名な言葉を一九六四年に残されているんです。これまでは、アメリカとソ連の核兵器競争のなかでどれだけ威力があるか、それで広島にどれだけ被害があったか、そういうことが主に伝えられてきて、いわゆるきのこ雲というのはみんな知っているけど、その下でどういった惨事が起こっていたかというのは皆さんご存じなかったという時代です。そういうときに、人間的に悲惨な部分というのは伝わってきたのかという大きな課題を投げかけた言葉なんです。

こうした観点から、「八月六日のヒロシマ」ゾーンでは、原爆が多くの人間を残酷に殺したこと、街を破壊し尽くしたことなどを展示し、文字での説明を抑えながら原爆被害の全体像が来館者の頭のなかに残るようにしたという。これに対し、「被爆者」ゾーンでは、亡くなった被爆者、生き残った被爆者、遺族など人間一人ひとりの苦しみ、悲しみに向き合っていただき、原爆の残酷さを知っていただくよう個別の展示を中心にした。また、来館者が「本当にあったことだ」と捉えていただけるよう、客観（科学）性を重視した展示を意識し、「実物資料」の展示を原則としたという。加藤副館長は語る。

ここに来られた方が「本当にあったことだ」ということを捉えていただけるように、科学性というんですかね、客観性というんですかね、そういうところを重視した展示にしようということで、実物資料の展示を原則とさせていただいたということになります。以前、確かドイツの科学者の方が見に来られて私がご案内したときに、「ここの展示というのは、いわゆる人形、つくり物で構成しているような博物館というのが結構世界中にあるなかで、実物資料で客観性を非常に大切にしているのがとてもよく分かるし、それが故に外国からはじめて来た人も本当にあったことだというような理解ができる」というふうに感想を述べてくださったことがあって、そこが一応、私どもの狙いだったということですね。

本館の常設展示「被爆の実相」の一つ目のゾーンである「八月六日のヒロシマ」は、さらに「八月六日の惨状」と「放射線による被害」という二つのコーナーに分かれている。「八月六日の惨状」コーナーでは、「広島陸軍被服支廠のレンガ塀」「折れ曲がった鉄骨の梁」「倒壊をまぬがれた煙突」「熱線による影のある墓石」など、実物の被爆資料に取り囲まれるようにして、建物疎開※2の作業中に被爆した「亡くなった生徒たちの遺品」が展示されている。「亡くなった生徒たちの遺品」の特徴は、展示された遺品自体に直接的なキャプション（説明書き）が付与されていないことである（氏名等は傍のパネルに列挙されている）。この点について加藤副館長は、以下のように解説してくださった。

これは学徒動員で建物疎開の作業をしていた子どもたちの遺品なんですけど、たくさんの子どもたちがからだを焼かれて亡くなった。そして、その服はもうボロボロになっていると。熱線によって焼け焦げているというのを見ていただこうということで、ここにはたくさん並べているんですよ。その周りには都市の破壊された様子がイメージできるよう、当時被爆した実物で構成しているんです。「八月六日のヒロシマ」のゾーンは原爆が多くの人間を残酷に殺して街を破壊し尽くした、こういうことをイメージしやすいように、文字を抑えながら展示したということですね。

次に「放射線による被害」コーナーでは、「舌から出血した兵士」「頭髪が抜けた姉と弟」と題された写真、「血を吐きながら亡くなった弟」「髪が抜けていく」と題された原爆の絵などが展示されている。

本館「被爆の実相」の二つ目のゾーンは「被爆者」ゾーンである。この「被爆者」ゾーンは、「魂の叫び」と「生きる」の二つのコーナーで構

亡くなった生徒たちの遺品
筆者（水師）撮影（2020年6月25日）

成されている。「魂の叫び」コーナーでは、「三輪車」「三人の中学生の遺品」、「革ベルト」といった被爆者の数々の遺品が遺族の言葉とともに展示されている。こうした遺品の展示方法について、加藤副館長は以下のように説明してくださった。

たとえば三輪車という「遺品」があって、それからその人。つまり、乗っていた伸一君とお姉ちゃんなんですけど、乗っていた人の写真、「遺影」ですね。それから、この三輪車がどういう亡くなった方の「物語」をもっているかのキャプション、この三つで構成したというのが今回の新しいといえば新しいところです。

加藤副館長によれば、「遺品」「それを使用していた被爆して亡くなった方の遺影」「その亡くなった方の物語」、という三つで構成するシンプルな展示は、一部ではこれまでも実施したことがあったが、二〇一九年のリニューアル・オープンから全面的に採用された方法であるという。

広島平和記念資料館では、この二十年ほど遺品の引き取りを積極的に行い、できるだけ長い時間をかけて、寄贈者の方から被爆当時の様子や亡くなった方の様子など詳しく話を伺ってその記録を残す取り組みを行っている。戦後、被爆して亡くなった親族のことを誰にもいわず、胸のうちを隠してこられた遺族がたくさんおられるなかで、近年になって資料館に預けられる方も多いという。遺族の方からみれば、資料館は亡くなった大切な人に会える慰霊の場でもある。加藤副館長はいう。

実際、大本利子さんという焼け焦げたブラウスを残した方の展示をやっているんですけど、その利子さんが可愛がっていた弟さんのために、「私は（被爆によって）鬼のような顔になったから死なきゃいけない」といったそうです。実は、二〇一九年の四月二十五日に展示を始めてから毎月毎月、その弟さんはお姉さんの遺品の前に来て、手を合わせて「ごめんね」というふうに祈っていらっしゃった。ここは慰霊の場でもあるんです。

遺品の展示スペースを過ぎると、「火傷を負

三輪車
写真提供：広島平和記念資料館（寄贈／銕谷信男）

展示説明文：銕谷伸一ちゃん（当時3歳11か月）は、三輪車乗りが大好きでした。あの日の朝も、自宅の前で遊んでいました。その時です。ピカッと光り、伸一ちゃんと三輪車は焼かれてしまい、伸一ちゃんはその夜死亡しました。お父さんは、たった3歳の子を一人お墓にいれても、さびしがるだろうと思いました。そこで、死んでからも遊べるようにと伸一ちゃんの亡骸とこの三輪車を一緒に自宅の裏庭に埋めたのです。それから40年が過ぎた1985（昭和60）年の夏、お父さんは、伸一ちゃんの遺骨を庭から掘り出して、お墓に納めました。伸一ちゃんの遊び相手だったこの三輪車は、平和記念資料館に寄贈されました。

った負傷者たち、先生を助けて歩く生徒」「皮膚が長く垂れ下っていた女性」「山の方に向かって避難する人々」といった、被爆体験した方が描いた「原爆の絵※3」の原画展示スペースがある。これまで特別展示などでしか目にすることのできなかった原爆の絵の原画が、二〇一九年のリニューアルではじめて常設展示されている。

本館において、原爆の絵と実際の写真とが並べて展示されている点について、長崎と比べ広島の原爆では写真資料が少ないという問題を加藤副館長は指摘していた。この問題を克服するため、学識者に相談のうえ、かろうじてこうした原爆の絵も実物資料として扱えるのではないかということで展示しているという。そこで、できるだけ客観性を担保するために、実際の写真と似た場面を描いた絵を並べて展示したのだという。

また、外国人被爆者のコーナーである「故郷を離れた地で」も二〇一九年のリニューアルではじめて導入された。外国人の被爆者がいたこと、また、自国民の被爆者の存在に驚く海外からの来館者もいる。最後に、「生きる」のコーナーでは、「N家の崩壊」「ひとりの被爆少女の死」など、原爆の惨禍を生き延びた人々の困難や苦悩が展示されている。

広島平和記念資料館のアイデンティティ

二〇一九年の本館リニューアル・オープンの陣頭指揮を執ったのが、前館長の志賀賢治氏（第十二代館長）である。志賀氏は歴代館長としてはじめての被爆二世の館長であり、館長を二〇一三年四月から二〇一九年三月まで務められた後、広島大学客員教授として「被爆資料展示論」の講義を担当しておられる。二〇一三年四月の館長就任時のことを伺ったところ、志賀氏は展示の再整備の仕上げが一番大きな仕事であることを認識しながらも、「標準」的な「博物館」としてマネジメントすることを意識していたという。志賀氏は語る。

広島に住んでいれば、被爆の問題と向き合わざるを得ないことも多々ありましたので。そのことを考えながら館の運営に携わるということはありました。「この館は、いったい何をすべきか」というところにたどり着くんです。ですから、博物館という言葉を出してしまうんですね。博物館といってはいけないと新聞に書かれたこともあります。その立ち位置を求められるんですよね。でも私は、「まずはやっぱり博物館という機能をきちっと充実させるべきだろう」と考えました。

志賀氏は、続ける。

申し上げるまでもなく博物館の「標準」的使命は、資料の収集・保管、そして展示。さらに専門的な調査研究に加えて、普及啓発活動です。しかし、資料館がこれらの使命を果たすことができるようになったのは一九九五年以降といって良いでしょう。一九五五年の開館、学芸員一人を採用するのが一九七四年、公式図録の刊行は一九九九年、保存対策として館の空調や外光・紫外線対策に取り組むのも一九七三年になってからです。ようやく一九九五年に学芸員を二名採用しますが、調査研究にまでは至っていません。その原因は、一九九四年までの職員は総勢七人と、広島市の姿勢も大きく影響していますが、世間の資料館の見方も影響しているのではないでしょうか。事実を直視する「博物館」というより、反戦反核運動の拠点、慰霊の施設などといった期待が寄せられているのを感じました。保存対策や調査研究よりもむしろ、被爆の悲惨を世に示すことに力点が置かれていたと理解した方が良いでしょう。

志賀氏は、「いったいこの施設は何だろう」というアイデンティティや理念に関して、すべての職員と対話することを心がけていたという。特に特定の価値観やイデオロギーを離れ、「広島平和記念資料館は博物館である」というアイデンティティのもと、常に歴史的事実と向き合うことに徹するよう語ってきたという。

博物館として「在る」ためには、特定の世情や思惑とは一線を画した施設でなければならない。志賀氏が考えた広島平和記念資料館のアイデンティティのルーツは、実は初代館長の長岡省吾氏の活動のなかにあった。志賀氏は長岡氏について、以下のように語る。

それまで知らなかった長岡氏の存在を就任直後に知ったとき、ほっとした記憶があります。これといった特色のない公立博物館ではなかった。著名な博物館には、核になるコレクションがあります。そのコレクションは、創設に関わった特異な人物の手によるものです。しかるが故に、その博物館に特有の「色」が生まれる訳です。資料館にもそんな人物がいた訳です。原点が存在したといってもいいでしょう。

近年、石井光太氏の『原爆　広島を復興させた人びと』(集英社、二〇一八年刊)、佐藤真澄氏の『ヒロシマをのこす　広島平和記念資料館をつくった人・長岡省吾』(汐文社、二〇一八年刊)が出版され、長岡氏の活動に注目が集まっている。鉱物学を専門とする研究者であった長岡氏は、被爆直後の広島に戻った。長岡氏は「焼け跡で見つけた被爆して変形した石をいくつか自宅に持ち帰り、何度も丹念に眺めていた。彼の目には、それらの石が『血を流している』ように映った。石にくっきりとついた熱線の跡、溶解した跡、割れた跡。それが被爆した人びとの無残な火傷や、血が流れる傷と重なって見えた」（石井二〇一八、六九頁）という。

長岡氏は、石についた被爆の跡を調べれば、原爆の熱線や爆風、爆心地の位置が明らかになることを確信し、市街地に赴いてはひとりで調査を始める（石井二〇一八、六九頁）。長岡氏の自宅が収集した石や瓦などの瓦礫でいっぱいになっていくと、周囲の人たちは、瓦礫をガラクタと呼んで失笑し、冷たい視線を投げかけたという（佐藤二〇一八、八二－八三頁）。

原爆の跡が残された瓦礫は、一般の人からみたらガラクタだったが、長岡氏からみたら価値あるものだった。長岡氏は、焼け野原に転がる瓦礫に刻まれた原爆の跡を「悪魔の刻印」と呼び、「鉱物学の観点からそれを研究することで、人間が犯した最大級の過ちの実態を、白日の下にさらさなければならない」（石井二〇一八、七二頁）と考えたのである。

当初は、鉱物学の研究者としての強烈な好奇心が、お金にもならない瓦礫を収集する長岡氏を動機づけたのかもしれない。しかし、長岡氏の被爆資料の収集活動はやがて、使命感や生き残った人間としての義務へと変化していったのである（佐藤二〇一八、一六二頁）。志賀氏は、長岡氏についてこう語る。

執念ですね。恐らく執念がなければあんなことやらないですよね。被爆の翌日にずっと三キロから四キロ歩くんですよ。まだ街は片づいてないなかを。そのときに彼がもったのは確かに科学的な関心なんです、まずは。なぜ石が溶けるかという。そこから始まるんですけど、恐らく同時にものすごい怒りがあったはずです。その二つがないまぜになってずっと集め続けるんです。馬鹿にされながら。焼け野原を石を集めて回っていると、ゴロっと石をどけると遺体があったりとかっていうことも、まだあったんです。四十体ぐらい、資料を見つけながら遺体を見つけている。それでも彼は回り続けたんです。そこの執念をやっぱりわれわれは共有すべきなんだろうなってことは思いました。

加藤副館長は、二〇一九年の本館リニューアル展示の方針と長岡氏の存在の関係について、以下のように語る。

資料館の原点は、長岡省吾氏の「広島の原爆がどんなに恐ろしいものであったかを、世界中のそして後世の人に知らせるのは、誰かがやらなければならない仕事である」という想いからはじまっています。長岡氏は、鉱物学が専門で自然科学の手法を重視し、当館の展示は科学的であること、客観的であることを多かれ少なかれ重視してきました。資料館の長い歴史のなかで紆余曲折はあったものの、来館者が「これは本当に起きたことだろうか」と疑いをもって展示をご覧になってしまわないよう、リニューアルに当たっては実物展示を基本に客観性がある展示であることを重視しました。また、展示手法についても、来館者から「きちんと並べすぎていて当時の様子がイメージできない。昔の資料館の方が迫力があった」というような意見もあったことから、「八月六日の惨状」コーナーのように、雑然として説明が少ない展示部分も設けている。こういう点は原点回帰であるといえるかもしれません。

こうした、広島平和記念資料館のルーツともいえる長岡氏の存在は、現在に受け継がれている。しかし、一九五五年の開館以来、広島平和記念資料館のアイデンティティは盤石だったわけではなく、揺れ動いてきたことも事実である。

たとえば、一九五六年の原子力平和利用博覧会の開催は、志賀氏にとって「結局軸が定まってなかったんじゃないか。いったいどういう施設なのか、何を展示してどういうメッセージを出していけばいいのかっていう議論がされてなかったんじゃないか」と思えるものだった。当時、広島平和記念資料館は、反核の象徴的な存在という側面もあったという（佐藤二〇一八、一三五頁）。そんな場所が、原子力平和利用博覧会という「原子力＝核」の平和利用のプロモーションに利用されるということが起きたのである。

こうした軸の定まらない「揺らぎ」を抱えながらも、最後に残るもの、つまり、アイデンティティの原石のようなものはいったい何なのか。志賀氏によれば、それは長岡氏が誰よりも早く収集しはじめた実物の被爆資料であるという。そして、六十五年ものあいだ実物の被爆資料を守り続けてきたことこそが、広島平和記念資料館の強固な軸となりうるのである。その意味で、二〇一九年の本館リニューアルでは、初代館長・長岡省吾氏の原点に回帰しながらも、さらなるアイデンティティの問い直しが試みられることになる。志賀氏は語る。

資料館が六十五年間多くの人に支持されてきたわけは、初代館長にはじまる被爆資料、遺品の存在がすべてだと思います。この「資料」と資料にともなう「物語」のもつ力を資料館のスタッフは、十分認識しています。それを前面に出すこの度の展示方法の転換に、スタッフは些《いささ》かの疑問ももってはいませんでした。自分たちが十分議論を尽くして準備を進めている展示方法への自信がすべてではないでしょうか。

「分かりやすさ」に対峙する、「問いかける」という行為

二〇一九年四月の本館リニューアルの中核的なコンセプトには、「被爆者の視点であの日を描く」というものがある。このコンセプトについて、前館長の志賀氏は語る。

これは、きのこ雲の下にいた人々の視点でということですが、いくつか意味があります。まず、空の上からの視点は取らない、被爆した人間の立場で展示を構成しようというものです。そうすると、きのこ雲は地上から見るとどうなるのか、襲いかかって来たものは何なのか、恐らく、一瞬のうちに大混乱のなかに投げ込まれたのがきのこ雲の下にいた人々です。放射線を浴びていることすら理解していませんでした。来館者にはそうした人々が体験したことを当事者感覚でつかんでいただきたいという思いです。そこから、八月六日のヒロシマにつながる資料による展示構成という発想が生まれます。

この「被爆者の視点であの日を描く」という中核的なコンセプトに基づき、「八月六日に実際

に存在した資料を使って展示を構成する」「数字の大きさや威力の大きさで語るのではなく、その背後にある一人ひとりの犠牲者の苦しみを遺品と遺族の話を通して伝える」という二つの方針がリニューアル作業に貫かれることになる。

一つ目の「八月六日に実際に存在した資料を使って展示を構成する」という方針は、前節でみたとおり、初代館長・長岡氏に始まる「実物資料」の存在に立ち返る姿勢にも映る。志賀氏は以下のように語る。

館長就任後、長岡氏の自宅に赴《おもむ》く機会もあり、残された資料の寄贈に立ち会ったという偶然も手伝って、長岡氏のことは折に触れ考えてきました。また、彼が残した文章も読むことができましたので尚更でした。そこで考えたのは、彼が何故あのような「ガラクタ」を集めはじめたのか、当時そこら中にあったものを。その彼の心情、執念に立ち戻ってみれば、資料館の立ち位置はおのずと決まってくると考えました。彼が集めてきたのは、広島に惨劇をもたらした被爆の痕跡を如実に残し、その正体を科学的に実証できる「被爆資料」と犠牲者の苦しみと怨念を留めた「遺品」です。

また、二つ目の方針「数字の大きさや威力の大きさで語るのではなく、その背後にある一人ひとりの犠牲者の苦しみを遺品と遺族の話を通して伝える」によって、収蔵されている資料がもつ「一人ひとり」の物語を前面に打ち出す展示方法への転換が図られることになった。

こうした本館のリニューアル・コンセプトに基づく方針を具現化するうえで、館長として陣頭指揮を執っていた志賀氏は、「分かりやすさ」という言葉と対峙することになる。志賀氏は語る。

就任当初に受けた説明では、被爆の実相を「分かりやすく」「正確に」伝えることが展示更新の目的であるといわれました。しかし、この二つの言葉がどうしても私には納得できませんでした。分かりやすく一目で分かる、正確に一目で分かる、そういう展示にしようっていわれるんですけれども、「分かるわけないじゃないか」というのが最初の印象です。絶対に分からないです、体験というものは。特にああいうとんでもない体験っていうのは。私も身内に被爆者がいますが、どんな体験をしたかというのは容易に分かるとは思えないんですね。

こうした問題意識に基づき、職員たちとの対話から導き出されたのが、「博物館は答えを与えるところではなく、問いかけをするところである」という命題だった。博物館の来館者はその問いかけを受け止め、自分で答えを求めて考えはじめるのではないか。博物館は来館者に対して考える「きっかけ」を提供するにすぎない。人は自ら考えることで、かろうじて「理解」にたどり着くのである。「分かりやすさ」という言葉がもつ陥穽《かんせい》がここにある。「分かりやすさ」とは、相手が知りたい「答え」を前もって用意することに他ならない。ある種の予定調和といってもいい。志賀氏はいう。

資料館が果たす役割というのは、「とにかく考えはじめる」というきっかけを作るっていうものじゃないのかって思います。言わば問いかけを与える。その問いかけを、大変みなさんには申し訳ないんですけど、恐らく生涯忘れられない問いかけを受け止めて引きずりながら、お家に帰っていただくというふうな、そういう仕掛けが作れないかなということです。

たとえば、前に述べたように「八月六日のヒロシマ」ゾーンにある「八月六日の惨状」コーナーには、建物疎開※2の作業中に被爆した「亡くなった生徒たちの遺品」が雑然と展示されている。この展示では、遺品自体に直接的なキャプションは付与されていない。これによって、我々は突然、被爆者の遺品そのものと向き合うことになる。いわば突如として、遺品たちに問いかけられるのである。それによって、我々は「考える」という行為をはじめざるを得なくなる。「何万人が犠牲になった」というように、被害の規模を数字で語られると、一見分かりやすい。しかしそれは、本当に「分かった」ということになるのだろうか。志賀氏は「分かりやすく」とう言葉と対峙して「問いかける」機能を展示にもたせるうえで、「一人ひとり」という言葉を意識的に使ってきた。志賀氏はいう。

自分としては納得のできない言葉は使いたくありませんので、あえて「一人ひとり」という言葉を使って展示方針の説明をしていました。念頭にあったのは、アドルフ・アイヒマン(ナチス・ドイツ政権のユダヤ人移送局長官)のいった「百人の死は悲劇だが、百万人の死は統計だ」という言葉です。数字の大きさやデータで人は理解をするのではないと思うのです。資料館には多くの遺品が保管されています。遺品は今でも寄贈され続けています。この遺品が今回の展示更新の主役となることは早くから議論されていましたが、「一人ひとり」という言葉は、私自身が使いはじめたかもしれません。

こうした考え方から、志賀氏は、原爆の被害を殊更《ことさら》に強調することを避けるよう職員たちに伝えていたという。つまり、淡々とあったこと、記録されている事実を伝えることに徹するということである。被害を「告発」するということは「博物館」の使命ではないからである。
ところが、広島平和記念資料館は一般的に、「核廃絶のためのミュージアム」としてみられる傾向が強いと志賀氏はいう。そこで志賀氏は、こんなことを職員に投げかけたことがあるという。「万が一、核兵器が地球上から一個もなくなったときに、この館はどうなるのか」、という問いである。

この問いかけに対して、ある職員は、「閉館ですかね」と答えたという。これに対し、志賀氏は、閉館となると、お弁当箱、三輪車、ワンピースといった被爆して亡くなった方々の遺品はどうするのか、と問い直したという。そうすると職員たちは、再びはたと考え込むことになる……。

このような問いかけを繰り返し対話をしていくことで、核が廃絶されたとしても「遺品を守り続けなければならない」という境地に考えが導かれていったという。志賀氏は、運営する自分たちに対してこうした問いかけを行うと同時に、来館者に対しても同じように問いかけるべきだと考えたのである。志賀氏はいう。

広島市民のミュージアム。犠牲になった方たちのことを覚えてられるお父さんお母さん、その妹さんみなさんもう皆さん亡くなっていらっしゃらなくなってますけど、その代わりに彼らの遺品を守り続けるっていうのがミュージアム、資料館だろうと思うんですよ。

被爆再現人形の撤去

二〇一九年四月の本館リニューアルに至るプロセスは、すべて順調であったわけではない。二〇一三年四月に志賀氏が館長に就任してすぐに勃発したのが、被爆再現人形撤去の問題である。

被爆再現人形というのは、文字どおり被爆を再現し製作された人形のことである。この人形は被爆の惨状をリアルに再現し次世代に強く訴えることを目的とし、一九七三年八月六日に蝋人形によるジオラマとして展示されたもので、その後、一九九一年以降はプラスチック製に替わって展示されていた（鍋島二〇一八、二一〇－二一八頁）。しかし被爆再現人形は、二〇一九年四月の本館リニューアルにおいて撤去されることになる。この撤去に反対する声が湧き起こったのである。

これまで被爆再現人形が果たしてきた役割には一定の評価があるのも確かである。鍋島（二〇一八）は、原爆という出来事の「表象不可能性」の問題に絡め、以下のように指摘している。「爆心地に近くなればなるほど、街は壊滅し、生き残りもいない」ため、「原爆という出来事の中心で何が起きていたのかを表象することには、根本的な困難がある」（二一〇頁）。このため、被爆再現人形は「被爆の『実相』そのものを伝えるものではないが、被爆の『実相』をみることに近づける契機を与えてきた。来館者は、被爆再現人形が『作り物』であることを知っている。（中略）それでも、その表現のあまりのリアルさに衝撃を受ける。そうした衝撃も含めて被爆再現人形を『みる』、あるいは『みられない』という経験を通じて、再現を超えた先にある被爆の『実相』に、途方もない恐ろしさに気づくのである」（二一九頁）。

二〇一九年の本館リニューアル前の被爆再現人形の展示はどのようなものだったのだろうか。鍋島（二〇一八）は、以下のように描写している。

まず入口にはきのこ雲の写真が壁一面に写してあった。そのまま焼け野原を彷彿とさせる薄暗い通路を抜けて右に折れると、突如現れるのは被爆直後の広島の様子を再現したジオラマである。爛れた皮膚を垂れ下げた両手を前に突き出しながら、瓦礫と化した広島の街を逃げ惑う女性と女学生、男児の人形三体が、赤い照明で照らされていた。その後は、原爆被害者の遺品や爆風と熱線の凄まじさを物語る遺物の展示が続いた。こうした展示空間は、二回目の全面改修を終えた一九九一年以降維持されてきたが、今回の全面改修で一新される。私たちは、もう二度とあの場で人形たちと出会うことは出来ない。

（鍋島二〇一八、二〇二頁）

これまで述べてきたとおり、本館のリニューアル作業は「博物館」としてのアイデンティティを志向しながら、「被爆者の視点であの日を描く」というコンセプトのもと進められていった。このコンセプトに基づき、「八月六日に実際に存在した資料を使って展示を構成すること」「数字の大きさや威力の大きさで語るのではなく、その背後にある一人ひとりの犠牲者の苦しみを遺品と遺族の話を通してお伝えすること」という二つの方針が定められていた。志賀氏によると、こうした経緯からして、被爆再現人形の居場所がなくなるのは自然な措置だったという。志賀氏はいう。

世間に未だに消せていない誤解があるようです。資料館は、被爆人形の「撤去」を志した訳ではありません。様々な会議で議論を続けてきたのは、全くの白紙のうえに、資料館の新しい展示を描いてきたということです。結果的には、そこには、人形の居場所はありませんでした。そして、その計画がまとまるたびに計画書を公表し、一般の市民意見を求めてきました。そして、計画がまとまると、基本設計、実施設計と順次作業を進めてきました。実施設計は、一センチ単位で館内の図面を引き、予算化の元資料となります。そこまでたどり着いたとき、あの事件が起きたのです。正直申し上げて、職員全員戸惑ったのが本心です。どうしようもない状態で、はっきり申し上げて、何らの合理的な理由もなく「撤去」に反対されたのですから。撤去を撤回するとすれば、今までの作業は元の木阿弥《もくあみ》といってもよかったでしょう。我々は、検討会議に何度も諮《はか》りながら、従来の方針を繰り返し確認しつつ作業を進めました。

長い年月をかけて策定されてきたリニューアルのコンセプトとは違う次元で、「被爆再現人形を撤去するか／しないか」という論点がマスメディアやソーシャルメディアを通じて急速に争点化していく。中国新聞には「被爆人形　展示続けて　原爆資料館改装で撤去計画　市民が市議会に請願書」と題した、以下のような記事の掲載がある。

広島市中区の原爆資料館の全面リニューアルに合わせ、市が被爆者の姿を再現した人形の撤去を計画している問題で、反対する市民たちが18日、展示継続を求める請願書を市議会に提出した。29日の総務委員会で審議される。反対の署名活動をしている佐伯区の会社員勝部晶博さん（44）たち3人が、議会事務局で署名1033筆とインターネットで集めた賛同者1万517人分の名簿を添えて請願書を届け出た。勝部さんは「被爆者の体験に基づいて再現した人形は被爆の実相を伝えている。よく議論してほしい」と話した。市は2018年4月予定の全面リニューアル後、被爆者の遺品など「実物」中心の展示に替えるとし、工事で本館を閉じる16年春に人形を撤去する方針でいる。

（中国新聞ホームページ、二〇一四年九月十九日付）

こうした「被爆再現人形を撤去するか／しないか」の争点化は、長い年月をかけて検討してきたコンセプトを中心に据えた議論ではなくなったのである。

志賀氏によれば、「現場のスタッフにとっては戦いだった」という。広島平和記念資料館のホームページに公表してあるメールアドレスや電話には抗議の声が殺到した。マスメディアが取り上げると、翌朝八時半から電話が鳴り響く。その電話を取ると、厳しい抗議の声が届く。また、ソーシャルメディア空間にも抗議のメッセージが溢れた。

抗議の理由として多かったのは、「子どもが怖がるから撤去するのではないか」という思い込みだったという。つまり、原爆の「恐怖」を与えることを回避する弱腰姿勢として捉えられたのである。当然、広島平和記念資料館サイドには、そうした認識は全くなかった。考え抜かれたリニューアル・コンセプトを着実に具現化しようとしていたにすぎないからである。広島平和記念資料館サイドからすれば、被爆再現人形を積極的に争点化して「撤去」するつもりはなく、単にリニューアル・コンセプトに照らして、被爆再現人形には「居場所がなかった」ということにすぎない。

確かに被爆再現人形は、皮膚が垂れ下がりみるも無残な姿をしていて、見る者に恐怖を与える。しかしながら、こうした「作り物」による「恐怖による訴求」は「被爆者の視点であの日を描く」というリニューアル・コンセプト、ならびに「八月六日に実際に存在した資料を使って展示を構成すること」「数字の大きさや威力の大きさで語るのではなく、その背後にある一人ひとりの犠牲者の苦しみを遺品と遺族の話を通してお伝えすること」という方針とは相容れなかったのである。

しかし、この被爆再現人形の撤去問題を通じ、広島平和記念資料館サイドでは、リニューアルのコンセプトをより突き詰めて研磨する契機となった。この騒動によって明確に炙り出されたのは、原爆の悲惨さを「模造された恐怖」によって示すのか、「実物資料によって、一人ひとりの物語」によって示すのか、というもう一つの論点である。

抗議の声に応えているとき、志賀氏が不思議に感じたのは、抗議をしてくる人々が被爆再現人形のことしか覚えていない点だったという。志賀氏はいう。

不思議だったんです。なぜ感情的になるのかっていうことと、他の展示でどんなことを覚えておられるかって聞いても全然覚えてないことが。全員に聞きたかったんですけど、彼らの記憶に残っているのはあの人形のことしかないんですね。ここで被爆者の弁当箱もあったでしょ、三輪車もあったでしょ。でも、それは記憶にないんです。我々がみていただきたいものは決して人形ではないんですよと。これまで、黒こげのお弁当箱の前で泪《なみだ》をこぼしてハンカチを使っていい人をたくさん見ました。たった弁当箱一つ。そういうことなんだろうなと思いました。それに引きかえ、人形の前で泪をこぼしている人は一人も見たことがないんです。私がご案内してるときにも、立ちすくんで動けなくなった方もいました。だから、それほどの違いがあるんですよね。やっぱり実物っていうんですか、そこは違ったものをもっていると思いますね。結局ここに来る人は人間ですから。人間が必ずもっている人間的な価値観なり感覚的なものというのは、そこを揺さぶるんでしょうね。重要なのは怖がらせるとかじゃないと思うんですよ。

広島平和記念資料館には二万点以上の被爆資料が収められている。その一つひとつの被爆資料は、一人ひとり「固有の物語」をもっている。職員の方々は一九五五年の開館以降、こうした一人ひとりの「固有の物語」を守ってきた。職員の立場からすれば、一つでも多くの物語を展示したいと考えるのは当然のことだった。志賀氏はいう。

館長になって資料館に入ってみると、自分でもびっくりしたぐらい広い収蔵庫がある。その中にびっしり入っています。一つひとつがお亡くなりになった方の記録と連動しているものです。それを職員のみんなは、できるだけたくさんの方に見ていただきたいという思いがあったと。こうしたベースのうえに、人形撤去反対の意見に対しての心構えみたいなものを作れたっていうのがあったと思います。

抗議の電話に対し当初、職員たちは「より分かりやすく正確な展示を心がけている」という説明をしていたという。志賀氏は、その説明の仕方に聞く耳をもってもらえない理由があるのではないかと考えた。そこでたどり着いたのが、「固有名詞」や「一人ひとり」という言葉だった。

志賀氏はいう。

それまでは、職員は今まで以上に分かりやすく展示するということばかり繰り返しいってましたから、それじゃあ説得できんだろうと。「あの人形に固有名詞はない」といい切ったのも僕だと思うんですけどね。僕がいう「固有名詞」というのは、どこで被爆したか、どの人か、どういう人なのか。とにかく八月六日の広島のどこに結び付けられるのか、紐付けされるのかということを問い直していく。

被爆者からは「実際の状況はあんなものではなかった」「顔や性別が識別できないほどの惨状だった」などと、被爆再現人形の再現性に疑問をもつ声もあったという。志賀氏は続ける。

想定としては爆心地から一・五キロメートル、それを自分の身内のことも考え合わせていくと、その一・五キロでこんな姿じゃないということはいえるんです。それをいえるのは、僕はいえるうちには入らないかもしれないですけど、実際に被爆した方は「こんなもんじゃなかった」とおっしゃる。それはそうだと思うんです。一・五キロメートルで路上にいて、被爆人形が着ているような服なんて着てるわけがない。

結果的に、広島平和記念資料館は被爆再現人形の撤去に踏み切ることになる。志賀氏は被爆再現人形撤去問題の経験から、展示コンセプトをより深く捉え直す機会を得たと前向きに受け止めながらも、二〇一九年四月のオープンまでは不安があったという。

いい機会だったかもしれませんね。ただ不安だったたですよ。二〇一九年の四月にオープンしてどういう反応を世間がするか、それはみんなハラハラしてたみたいです。

実際、二〇一九年四月の本館リニューアル・オープン以降の反応はどのようなものだったのだろうか。加藤副館長に伺ったところによると、本館リニューアルから一年ほどが経ち、様々なポジティブな反響を得ているという。図5－2で示したように入館者数もリニューアル以降、増加している。

展示を体験し終わると「対話ノート」が置いてあるのだが、入館者はそこに自由にコメントを記入することができる。加藤副館長はいう。

この対話ノートをみると、リニューアル前は「怖い、恐ろしい」という感想が多かったが、リニューアル後は「つらい、悲しい」という感想が増え、自分の身近な人（自分の親や子、友人）への感情と結びついた感想が多くなったと思います。また、カメラを向けて記念撮影をする人や大声で話をしながらご覧になる人をあまりみかけなくなりました。展示の場でありながら、遺族にとって慰霊の場でもあるという想いが伝わっていることが理由であるかもしれません。手間がかかっても資料の寄贈者から詳しく聴き取り、寄贈者の想いに応えられるような展示にという姿勢が、結果的に国内・国外の来館者の心に伝わるということが分かりました。また様々な意見をいただき、資料館の展示の在り方については、百人百様であることを改めて感じました。

「一人ひとりの物語」へのまなざし

前館長の志賀氏が述べていた、原爆で亡くなった方々の「固有名詞」や「一人ひとり」という言葉の意味を、ここでもう少し踏み込んでみておこう。志賀氏は語る。

「人影の石」という展示があります。街の中心部にあった銀行の石段ですが、その石段には、座っていた人の影が焼き付けられています。誰のものか未だに分かりませんが、これこそ原爆の非道さを象徴しているような気がします。人の死の固有性を奪い去ってしまったからです。それでも、この方はかろうじて生きた証を残すことができました。死者の記憶として。しかし、大勢の死者がそれすら残せなかったのです。一体、何人の人間が亡くなったのか未だに分からない、それが原爆です。一般的に資料館は「核」の博物館と受け止められていますが、まずは、この「ヒロシマの死者のためのメモリアル」だと思います。

ハイン／セルデン（一九九八）は、この「人影の石」など被爆による遺品から、一人ひとりの物語が想起されてくる様を以下のように記述している。

文字どおり姿を消してしまった被爆者もいる。原爆は驚くべき数の人間を殺害するだけでなく、彼らそのものを消し去った。彼らの不在は、強力な沈黙を生み出し、後に残された個人の所持品——ベルトのバックルや下駄、時計——は、持ち主の不在を繰り返し強く訴えかけてくる。不気味なことに、原爆の放った灼熱は、人の形をそのまま石や木に刻みつけた。人の形以外何の痕跡も残さなかったが、ひとつひとつの影には物語がある。たとえば、広島の住友銀行の階段に坐っている人影は、銀行を開くのを待っていたのであろう。もしかしたらその人は、田舎に疎開している子どもに会

人影の石
写真提供：広島平和記念資料館（寄贈／住友銀行広島支店）

展示説明文：入口の階段に腰掛けて銀行の開店を待っていた人は、原爆の閃光を受けて大火傷を負い、逃げることもできないまま、その場で死亡したものと思われます。強烈な熱線により周りの石段の表面は白っぽく変化し、その人が腰掛けていた部分が影のように黒くなって残りました。この人影については、自分の親族のものではないかという申し出が、複数のご遺族から寄せられています。

いに行くための旅行費用を引き出そうと、そこで待っていたのかもしれない。あるいは、それは大阪で空襲にあって焼け出された親の面倒を見るための金だったかもしれない。もちろん真実を知る術はないが、そうした影は、命を落とした人たちがそこにいたことを今も雄弁に語りつづけている。われわれはまさにその影のおかげで、影の主であった生身の人間たちに思いを馳せることができるのだ。

志賀氏がなぜ、原爆によって奪われた生命における「固有名詞」と「一人ひとり」という言葉にこだわりをもったのか、そのエピソードの一端を伺うことができた。志賀氏は、写真家・石内《いしうち》都《みやこ》氏の写真から、以下のようなある気づきを得たという。

写真家の石内都さんは、ほぼ必ず年に一〜二回は来られていたんですね。それで、新しく収蔵された遺品、寄贈された遺品を撮影されるわけです。これまでは、焼け焦げたものとか血のりがついたものとか無残に破壊されたものというような、それを強調して遺品が撮影されるのが多かったのですが、彼女は美しく撮るんですね。非常に綺麗な色でワンピースを撮られる、紫色のワンピースとか。生きていたときのお姿が想像できるぐらいに綺麗に撮影されるわけですね。被爆したものとは思えないんです。確かにその紫の綺麗なワンピースは二十四歳の女性が着ていまして、幸い屋内で被爆したものですから焼け焦げた跡はないんですが、放射線をどっさり浴びていますので。十日ほどして血を吐きながらその服を着たままお亡くなりになったという、そういうものです。

志賀氏は、続ける。

美しく撮るっていうこと、これは当然遺品の持ち主との対話ですね。敬意ですね。彼女は遺品一つひとつといわば対話をしながら、きちんと撮影していくんです。撮影現場に立ち会ったり色々彼女とお話をして気づいたのは、彼女は原爆がもたらした悲惨ではなく、その悲惨の向こう側にあるその美しい日常、在りし日の広島の日常ですね、これを窺い知ろうとしておられるということです。そのときにようやく気がついたのは、何が悲惨かということです。そういう日常を失ったっていうことが一番悲惨だと思うんですよ。結果は確かに悲惨です。悲惨ですが、元々の日常を奪い去ったっていう、そこが一番大事なとこなんじゃないかなっていうふうに思いはじめて。

志賀氏は、「被爆者の視点であの日を描く」という本館のリニューアル・コンセプトを具現化するうえで、この「失われたもの」という視点を特に強調するようになったという。それが「広島に生きてた人々の生きた証を我々が保存し続ける」という使命感につながっていく。こうしたプロセスがあって、志賀氏は「固有名詞」をもった「一人ひとりの物語」を提示することにいかに重要な意義があるかを確信した。

志賀氏が職員の方々と様々な問いかけを通じた議論をしながら、リニューアル作業が行われたことは先に述べた。そうした問いかけのなかの一つに、「なぜ原爆がいけないのか」というものもあったという。志賀氏はいう。

「何でこんなに原爆がいけないんだ」って、問いかけをしたことあるんです。それを聞くと「よく分からない」という反応があった。たとえば、遺伝するかもしれないじゃないかといわれたときに、生物兵器や化学兵器だってそんなこと散々してるわけですよ。たくさん殺すからいけないんだっていったら、そんな兵器はもっとあるわけです。数の問題じゃないだろうと。そんなことを考えたときに思いつくのが人影の石なんですけど。結局誰が死んだかっていう固有名詞を完全に奪い去ってしまったっていうことが重要なのです。やっぱり誰もが一人ひとり名前の書かれた墓を建ててほしいわけじゃないですか。その墓を建てることができなかったわけですよね。それが原爆がやらかしたとてつもない悲惨だと思うんです。やっぱり、「当事者感覚」とか「固有名詞」。そして「一人ひとり」っていうところなんです。一人ひとりの生きた証を消滅させたのが原爆ですから。

被害の「数」の問題ではなく、「一人ひとり」がもっていた「固有名詞」「物語」の喪失。こうした志賀氏の主張を補強するかのような、詩人・石原吉郎《いしはらよしろう》氏によるエッセイがある。ここに二つ紹介しておこう。

ジェノサイド（大量殺戮）という言葉は、私にはついに理解できない言葉である。ただ、この言葉の恐ろしさだけは実感できる。ジェノサイドのおそろしさは、一時に大量の人間が殺戮されることにあるのではない。そのなかに、ひとりひとりの死がないということが、私にはおそろしいのだ。人間が被害においてついに自立できず、ただ集団であるにすぎないときは、その死においても自立することなく、集団のままであるだろう。死においてただ数であるとき、それは絶望そのものである。人は死において、ひとりひとりその名を呼ばれなければならないものなのだ。

（石原二〇一六、三頁）

広島告発、すなわちジェノサイド（大量殺戮）という事実の受けとめ方に大きな不安があるということである。私は、広島告発の背後に、「一人や二人が死んだのではない。それも一瞬のうちに」という発想があることに、つよい反撥と危惧をもつ。一人や二人ならいいのか。時間をかけて死んだ者はかまわないというのか。戦争が私たちをすこしでも真実へ近づけたのは、このような計量的発想から私たちがかろうじて抜け出したことにおいてではなかったのか。(中略)人類の死滅というイメージが、たとえばあと三十年という数字をあげられても、なんの実感もないのは、それがひとりの、なま身の人間の生に、じつはなんのかかわりもないからである。たとえば、いま臨終の床にある人にとって、三十年後の人類の死滅はまったく意味をもっていない。そして三十年後も、事情はまったくおなじである。そこで起こるのは、人類の死滅でもなんでもなく、ひとりひとりの死があるだけである。

(石原二〇〇〇、一一二 - 一一〇頁)

柿木(二〇一八)は、こうした石原吉郎氏のエッセイに触れながら、以下のように指摘する。

数に訴えることが無謬の「実相」を伝えることとして神聖化されるなか、世界の叫びに耳を開いて一九四五年八月六日に広島の人々が被った暴力が撒き散らされていくのを食い止めようとすること自体が、すでに忘れ去られつつあるようだ。数量的なデータとして目に見えるものを「被害」の「実相」として振りかざし、その「発信」の回数を誇るような身振りは、死者と、死者とともに生きる生き残りの一人ひとりを忘却しながら、人間を数に還元する「計量的発想」の立場に立つものではないだろうか。

柿木(二〇一八、二二六 - 二二七頁)

柿木（二〇一八）は、数によって被害の実相の振りかざす計量的発想は、一人ひとりの顔を奪い戦争に動員する国家の「全体性」と地続きだとする。なぜならば、『客観的』と称される数を拠り所として『正しい』歴史を伝えようとすること自体、生きている自分たちのために歴史を語ることで、戦争を行う国家の視点に自己同一化させること」（二二七頁）のように見えるからである。こうした「全体性」との自己同一化への抵抗は、「国家によって奪われた一人ひとりの顔を再び見いだし、その語り掛けに耳を澄ますことから始まるのではないか」（二二八頁）。

二〇一九年四月にリニューアルオープンした本館の常設展示「被爆の実相」は、こうした計量的な被害や模造された被爆再現人形による外形的な被害の訴求を後退させた。そうすることで、被爆した人々の日々の暮らしや人となりといった、一人ひとりの人間がもつかけがえのない「生」に焦点を当て、それが失われたことの意味をわれわれに問いかけるのである。

「公式の物語」と「一人ひとりの物語」

ある事象について、俯瞰的に総括して「公式の物語」として語られたものは、特定の立場や正義に基づく目的合理性のもとに言説が構成される。ハイン／セルデン（一九九七）は、日米両国の国家間では、戦後の半世紀ものあいだ原爆が繰り返し論じられることで「公式の物語」(official story) が創出され、その意味が幾度も解釈し直されてきたと指摘する。たとえば、米国では炎に包まれた広島の街路の視点ではなく「きのこ雲」からの視点に立ち、犠牲者の存在を無視するという作法が採用されたという。一方、日本では罪もない国民が犠牲者にされたというイメージの維持が作法となっていったという。

ハイン／セルデン（一九九七）のいう「公式の物語」には、たとえば、戦後、原爆の災禍が人類や世界にとっての平和の象徴として意味転換されたことも含まれているように思われる。いわば、「平和と原爆の同一視」（米山二〇〇五、二八頁）である。

根本（二〇一八）は、「原爆は戦争を終結させ、世界平和をもたらしただけでなく、その出来事は人類への教訓や警告となるという考え方は当時の時代状況を背景として生まれた。その意味で、占領期に広島において形づくられた普遍主義は作為的なものである」（四五頁）と指摘している。ここでの普遍主義とは、「人類のために核兵器に反対するという普遍主義」（根本二〇一八、三二頁）のことをいう。

米山（二〇〇五）は、「常に広島は普遍的な指示機能を持つようだ」としながら、「特定の時間に固定された『広島』の記号は、『長崎』のそれとともに、市の歴史やそれ以外の場で、他の何にもまして人類初の核によるアトロシティ※4と第二次世界大戦に続く平和とを表してきた」（二〇頁）と指摘している。「広島の災禍は、人類という超越的で匿名の位置から想起されねばならないという考え、すなわち、広島の悲劇を想起することは、自然で一般に共有された、文化の境界に左右されない人間的思考、感情、道徳的態度を喚起するものであるべきという考えは、『核の普遍主義』（nuclear universalism）として最も的確に表現できるだろう」（米山二〇〇五、二一頁）。

こうした原爆と平和を同一視する「公式の物語」が作成されてきたことに関連して、『夕凪の街　桜の国』や『この世界の片隅に』といった原爆にかかわる作品がある漫画家・こうの史代氏の対談は、示唆に富んでいる（こうの・西島二〇一六）。こうの氏はいう。

原爆ものをみたり描いたりすることになぜ抵抗感があったのか。残酷だからといってしまえば楽ですし、だいたいそういうふうに逃げてきたんですけど、本当はそうではないんですね。たぶん「原爆」というとすぐに「平和」に結びつけて語られるのが私はいやなのだと思います。だって、まるで原爆が平和にしてくれたかのようじゃないですか。

こうしたこうの氏の発言に対し、対談相手の西島大介氏は、以下のように答えている。

でも『夕凪の街　桜の国』は実際、そうやって受け入れられてしまったわけで、そういう評価からいかに逃げ出すかということで描かれたのが『この世界の片隅に』だったのではないでしょうか。まずこの作品においては、原爆がまったくたいした問題として描かれていませんよね。これはすごく感動的で、驚くべき攻め方だと思います。

『この世界の片隅に』では、戦時下における何気ない日常生活が細微に描かれる。こうの氏のアプローチは、原爆と平和を同一視する「公式の物語」をあえて回避して、別の方向性、つまり「一人ひとりの物語」が失われることの意味を問いかける。こうの氏は、朝日新聞の取材に対し、「『この世界の片隅に』では、戦時中の普通の生活を見てほしいと思って、あえて穏やかな暮らしを描きました。ふつうの人たちが戦争に巻き込まれてしまう。二度と戻ってこない当たり前の日々が、どんなに尊いかを感じてほしい。原爆後、必死に生きた人たちへの感謝の気持ちも込めています」(『朝日新聞デジタル』二〇一六年十一月十一日付）と語っている。

ウォルター(二〇一〇)は、「死者の記憶は、戦時であれ平時であれ、生者が語り続けることによって存在し続ける」ことを前提としながらも、「死を悼む者たちの話が、語れるようなものでなかったり、不名誉なものであったり、集団と共有されないような場合には、生者が語り続けることは困難あるいは不可能である」(三六頁）という。つまり、「人びとは、自分の心が混乱していること（PTSDの場合のように）によって死を悼むことができないか、あるいは、物語を共有するための正常な社会的な伝達経路が混乱している場合は死を悼むことができないのである」(三六頁)。

被爆者の高齢化が進み、若い世代から戦争の記憶が薄れゆく我が国において、物語を共有するための社会的な「伝達経路」は混乱し、場合によっては「平和」というシンボルのみを残して惨禍の記憶は消滅していくのだろう。そうならないように、社会的な「伝達回路」を正常につなぐ方法の一つとして、被爆者の「一人ひとりの物語」に着目するアプローチが有効に作用するのではないかと考えられる。ハイン／セルデン（一九九八）はいう。

被爆者一人一人の物語はあまりにも重く、また複雑で、それらを拒絶することなど不可能である。われわれはその物語に注目せずにいられない。八時十五分で止まったままの懐中時計や、家族を一瞬のうちに亡くした個人の物語は、公式の物語を揺さぶり、そして破壊する。人間性や苦痛を伴う物語は、必要性の物語や高度に政治的な物語を超えて、拡がりはじめるのだ。大量の死というものはどれも外見は恐ろしいほど似ているものだが、一つ一つの物語はこのうえなく個人的なものである。それぞれが大量の死中にあるものの、それは一人一人にとっての地獄なのだ。跡形もなく消えてしまった子どもの話、被爆後しばらくは健康だったのに後に亡くなってしまう弟の話、愛する肉親が何ヶ月も苦しみぬいた話、自分も死んでいればよかったと願う話。痛みと悲劇を語る話だけではない。見知らぬ人のささやかな親切の話。そして何よりも、周りにいた人たちが大方死んでしまったなかで自分だけが生き残ったことの不条理さを訴える話。こういった物語によって苦痛、恐怖、喪失の感覚が喚起され、聞く者は、原爆が爆撃機を離れる瞬間やそれが運命の都市の上空で爆発する瞬間などではなく、その後の長い年月、それぞれが悲しみ、不調な体で過ごした年月、原爆とともに生きてきたこの五十年間に、思いを馳せるのである。

原爆の惨禍という「負」の出来事が「平和」という人類の普遍的価値に意味転換されてきた戦後の国家レベル、ローカルレベルでの「公式の物語」の成立プロセス。そのなかには、価値リノベーションのプロセスがみてとれる。ただ、こうした「原爆=平和」という意味転換による価値化は、被爆者の高齢化と戦争を知らない世代の増加によって形骸化する懸念がある。つまり、「平和」が神話やシンボルのような存在としてだけ存続し、「戦争を知らない」残された人々の思考は停止するのである(平和ボケ)。これは、残された人々が黒歴史の物語を共有するための「社会的な伝達経路の消滅」(e.g. ウォルター二〇一〇)を意味する。

この伝達経路を取り戻すために、もう一つ別の方向性に挑んだのが、二〇一九年の広島平和記念資料館「本館」のリニューアルだったのではないだろうか。つまり、固有名詞をもった一人ひとりの人間の「生」(生きるということ)が失われる意味を問いかけるというアプローチによって、さらなる価値リノベーションを推し進めたのである。この問いかけを体験する「戦争を知らない」人々は、突如として自分の家族や友人のことを思い出し、「生きる」という意味を自らに問い直し、原爆の惨禍を自分のこととして考える契機を獲得するのである。つまり、原爆の惨禍という「負」の事象は、人間が生きる意味という価値にリノベーションされるのである。

これにより、「戦争を知らない」残された人々に原爆の惨禍を伝える伝達経路は、つなぎ直されることになるのだろう。

エピローグ　―黒歴史が価値に変わる五つの要素―

本章では、富野由悠季監督のアニメーション作品「∀ガンダム」における黒歴史の意味をベースに、黒歴史を「災害、戦争、疫病など、人類が教訓とするべき負の歴史」と定義して使用してきた。そのうえで、黒歴史が価値にリノベーションされ続けている事例として、二〇一九年四月にリニューアルした広島平和記念資料館・本館の常設展示「被爆の実相」における取り組みを取り上げ、紹介した。

最後に、本章の事例に基づいて、黒歴史が価値にリノベーションされるための五つの要素をまとめておこう。五つの要素とは、(一)一人ひとりの物語を提示する、(二)実物資料を提示する、(三)分かりやすさと対峙する、(四)意味を問いかける、(五)身体性を言葉化する、である。

確かに本章の事例は、原爆の惨禍という特定の黒歴史が価値にリノベーションされるプロセスの一部を切り取ったものにすぎない。このたった一つの事例からすべての黒歴史に敷衍《ふえん》して語ることはできない。そうした限界はあるものの、何らかの黒歴史を価値にリノベーションしようと取り組む実務家の方々にとって本章の事例には、有意義なヒントが詰まっているものと思われる。また本章の事例は、社会的な価値創出を志向する「ソーシャル・マーケティング」に取り組む実務家にとっても、多くの示唆に富んでいるものと考えられる。

(二) 一人ひとりの物語を提示する

災害、戦争、疫病といった「黒歴史」は、たくさんの死を生み出す。広島平和記念資料館本館の二〇一九年にリニューアルされた展示「被爆の実相」では、そうした「たくさんの死」を匿名的で計量的な規模から捉えることに抗った。「こんなにたくさんの生命が奪われたのだから」という説明方法のさらに先にあるものを捉えた。つまり、「固有名詞をもった、人間一人ひとりの生(生きるということ)の物語が失われる」意味を戦争を知らない世代に考えさせてくれる契機を提供した。

これによって、戦争を知らない世代においても、黒歴史をどこか遠くにある抽象的なものとしてではなく、かけがえのない自分の家族や友人といった「一人ひとり」の人間を思い起こし、自分のこととして考えざるを得なくなるのである。黒歴史は、放っておけば時間の流れとともに人々の記憶から薄れていく。また「公式の物語」としてシンボル化された教訓は、やがて形骸化し風化していく。その意味で、「一人ひとりの物語」を提示するアプローチは、黒歴史を体験したことのない者にとっても、「生きる」という実感をともなって記憶に刻むことができるだろう。

（二）実物資料を提示する

災害、戦争、疫病といった黒歴史を理解するうえで、「実物資料」は貴重な手がかりとなる。広島の原爆においては、鉱物学の研究者であった長岡省吾氏のような、原爆投下後すぐに瓦礫など実物資料の収集に動いた人物が偶然存在したことが功を奏した。長岡氏の活動が端緒となり、広島平和記念資料館は、被爆者からの丁寧な聞き取りを記録しながら遺品の収集を継続し、大切に実物資料を守ってきた。こうした個人と紐づいた実物資料が現存するからこそ、後世の人々は、その黒歴史が本当に実在したことを客観的に理解できる。

しかしながら、「みるとつらくなるから」という理由から原爆ドームを撤去する運動が過去に起きたように、黒歴史は消したい記憶でもある（e.g. 濱田二〇一四）。被爆者とその関係者の方々には、こうした実物資料が残されることには複雑な思いがあるだろう。とりわけ、被爆者の遺品は、被爆者がこの世に生きた証でもある。こうした背景があるからこそ、広島平和記念資料館に寄贈された貴重な遺品などの実物資料には、かけがえのない価値が内在している。だからこそ、それを見る者の既存の価値認識は深く揺さぶられるのである。

（三）分かりやすさと対峙する

近年、デジタル化が進み、効率化やコストパフォーマンスが重視されるようになり、何事も「数字」で管理される社会になりつつある。こうした社会の変化は、まるで『三分で分かるマーケティング入門』というタイトルのビジネス書のような「分かりやすさ」を絶え間なく我々に要求し続ける。広島平和記念資料館の二〇一九年の本館リニューアルで撤去された被爆再現人形は、誰もが感じことのできる「恐怖」を与えていた。このため被爆再現人形は、極めて「分かりやすい」展示であったといえるだろう。当然、分かりやすいことは、たとえば「恐怖」という即時的な効果を得るうえで、メリットとして働くことも多い。

しかしながら、分かりやすいということはその分、他の情報量をそぎ落として整形されている。事業者などの「送り手」から「分かりやすい」説明を受けたところで、顧客やユーザーなどの「受け手」は、本当の意味でその出来事が「理解」できたことになるのだろうか。送り手と受け手双方の間で新しい価値を創出したい場合、送り手は今一度、この「分かりやすさ」という言葉と対峙する必要がある。災害、戦争、疫病といった黒歴史について、「自分のこと」として受け手一人ひとりの記憶に刻むという目的においては、とりわけこの姿勢が求められる。

(四) 意味を問いかける

災害、戦争、疫病といった黒歴史には、教訓として残すべきという規範意識と同時に、忘れ去りたい、隠蔽したいといった複雑でネガティブな心理がともなう。顧客やユーザーなど「受け手」が想定している答えを、事業者など「送り手」があらかじめ準備して手際よくその答えを提供できれば、予定調和的な満足を受け手にもたらすことができるだろう。広島平和記念資料館・

本館における二〇一九年のリニューアルでは、被爆して亡くなった方々の遺影と遺品と最小限のキャプションという組み合わせで、多くを語らない展示が採用された。

展示を見た者は、突如として言葉を失うが、この展示の意味について、やがて「自分の頭」で思考を始める。本館の「被爆の実相」を体験すると、来館者は一つひとつの遺品と向き合って「考えざるを得ない」状況に追い込まれるのである。このような「考える」という行為の繰り返しによって既知の認識が壊され、一段深い理解が促される。こうしてもたらされた理解は、受け手にとって通常では得がたい深い体験を獲得させる。これはマーケティングでいう「満足」という概念に照らしていえば、即時的で浅い満足に対置される「深い満足」を顧客やユーザーに提供できることを意味する（e.g. 川口二〇一八、一四三－一五五頁）。

（五）身体性を言葉化する

災害、戦争、疫病といった黒歴史は、やがて「言い伝え」のように抽象化され、昔話のように風化する。抽象化された言い伝えからの教訓は、「戦争をしてはいけない」というような観念論や理想主義にならざるを得ない。観念論や理想主義を聞かされても、その黒歴史を体験していない者にとって、自分のこととして考えることが難しい。こうした問題を解決するには、頭のなかだけで考えた世界ではなく、全身で感じる「身体性」を受け手に獲得してもらうことが重要になる。広島平和記念資料館・本館の常設展示「被爆の実相」で一人ひとりの遺品と向き合うと、怒りとも悲しみともつかないやるせなさのような、複雑な感情が突如として内側から湧き起こってくる。こうした強烈な感情的体験は来館者に全身で感じる「身体性」の感覚を呼び起こす。しかし同時に、感情に流されてはいけないという思いにもかられる。なぜならば、一つひとつの遺品には、固有の「言葉」が付与されているからである。人間は「言葉」によって「思考」する。いわば、感じながら考える、というような契機が与えられるのである。

広島平和記念資料館では、いまもなお、被爆者の遺品の寄贈を受けつけている。しかも、ただ遺品を引き取るのではなく、その遺品にまつわるエピソードなどを職員が詳しく聞き取り、記録している。このようにして、遺品には「言葉」が付与されている。これは、まさに身体性を言葉化する営みであるといえる。頭のなかだけで考えた観念論や理想主義ではなく、単に一時的な感情に流されるのでもない、「身体性が言葉化された空間」によって、来館者は、黒歴史を自分のこととして深く体験できるのである。

※1　「戦争や災害をはじめとする人類の悲しみの記憶を巡る旅」（井出二〇一八、二〇頁）を意味する「ダークツーリズム」という概念がある。こうした見方からも、人々がなぜ黒歴史を探訪する旅をするのかを紐解く手がかりが得られるだろう。井出（二〇一八）は「ダークサイドの持つ価値は（中略）、単に教訓にとどまらず、生き方の覚醒や社会構築といったレベルにまで多面的に波及する」（二三頁）と指摘する。

※2　中国新聞広島メディアセンターホームページ「ヒロシマ用語集　建物疎開」によると、建物疎開とは、空襲による火災の延焼を防ぐために建物を取り壊して空間をつくる作業のことをいう。戦時中、全国の都市で行われ、広島市では一九四四年十一月に国の指示を受けて開始。燃えると困るという理由で市役所や県庁、軍需工場などの周りを壊した。

※3　広島平和記念資料館ホームページによると、市民が描いた原爆の絵の収集は一九七四年、一人の被爆者が自らの体験を描いた絵をＮＨＫ広島放送局に持ち込んだことがきっかけとなって始まり、同局の呼びかけに二千二百二十五点の絵が寄せられたという。二〇〇二年には、広島平和記念資料館、ＮＨＫ広島放送局、中国新聞社が共同で呼びかけ、新たに一千三百三十八点の絵が寄せられた。これらの絵は現在も広島平和記念資料館が所蔵しており、今も引き続き寄せられているという。絵の内容については、ＮＨＫ広島放送局編（二〇〇三）、日本放送協会編（一九七五）も参照のこと。

※4　筆者注：暴虐、残虐行為なども表す言葉。

終　章

「負」から、人間回帰へ

産業主義的な生産性の正反対を明示するのに、私は自立共生《コンヴィヴィアリティ》という用語を選ぶ。私はその言葉に、各人のあいだの自立的で創造的な交わりと、各人の環境との同様の交わりを意味させ、またこの言葉に、他人と人工的環境によって強いられた需要への各人の条件反射づけられた反応とは対照的な意味を持たせようと思う。私は自立共生とは、人間的な相互依存のうちに実現された個的自由であり、またそのようなものとして固有の倫理的価値をなすものであると考える。私の信じるところでは、いかなる社会においても、自立共生《コンヴィヴィアリティ》が一定の水準以下に落ちこむにつれて、産業主義的生産性はどんなに増大したとしても、自身が社会成員間に生み出す欲求を有効に生みだすことができなくなる。

イヴァン・イリイチ『コンヴィヴィアリティのための道具』(渡辺京二・渡辺梨佐訳)ちくま学芸文庫(二〇一五)、三九―四〇頁

「計算不可能なもの」への回帰

価値リノベーションという考え方に基づき、ここまで「古さ」「無駄」「無」「コンプレックス」「黒歴史」という五つの「負」の事象が価値にリノベーションされた事例について紹介してきた。序章で述べたとおり、価値リノベーションとは、マーケティング活動によって「負」の事象が顧客や社会にとって価値あるものに意味転換されることである。

本来「リノベーション」という言葉には、古くなったり、壊れたりして使えなくなったものや時代に合わなくなったものなど、「負」の状態を現在もしくは未来における価値に変換するという意味合いがある。したがって、価値リノベーションのスタート地点は、あくまでも「負」である。その意味で、価値リノベーションを志向するマーケティングはおのずと、「負からのマーケティング」となる。

最後に本章（終章）では、本書の副題にもなっている「負からのマーケティング」の終着駅があるとしたら、それはいったいどこなのかを記して筆を置くことにしたい。結論を先にいえば、

「負からのマーケティング」の終着駅は、「生身の人間」または「人間の生」（生きるということ）である。これまで様々な価値リノベーションの事例を紹介してきたが、そのどれもが効率や合理性とは対極にある「人間らしさ」、すなわち「人間回帰」の物語であったことにみなさんはお気づきかもしれない。

近頃、マーケティングの現場でも「人間回帰」という言葉が聞かれるようになってきた。これは、何事も損得で捉えるコスパ社会の風潮、株主資本主義の徹底による経営の短期主義化、テクノロジーの発達によるデジタルマーケティングの進展、ＡＩブーム……などが背景にあると思われる。いずれにしても、「数字」で測ることのできるいわゆる「計算可能なもの」だけを重視する姿勢が強まり、それに反発するかたちでの「人間らしさ」の復権が語られるようになったと思われる。

本来、人間らしさとは「計算可能なもの」の外側にある「計算不可能なもの」のはずである。「負からのマーケティング」の終着駅は、複雑で計算不可能な「生身の人間」であり「人間の生」である。本書の事例で示したかったのは、「負」のなかにこそ人間らしさが潜んでいるということだ。価値リノベーションとは「負」のなかに人間らしさをみつけ、「人間の生」を終着駅として目指す絶え間ない価値づくりの旅なのである。これが、本書が考える「人間回帰」の意味である。

「下」に向かって高速回転するニッポン社会

人間らしさとは対極にある「計算可能なもの」の存在を突き詰めていくと、究極的にそれは「お金」になるだろう。「お金」は、すべてのものを「交換可能」にする力をもつからだ。

現代の日本社会をみていると、時間も、空間も、人間という存在ですらも、すべてがお金という「計算可能なもの」に換算されて社会が回っているかのような錯覚を覚える。人々は現下のデフレ不況のなか、常に耳元で「一円でも多く、無駄なく、効率よく、速く稼げ！　光の速さで」と囁かれながら、あくせくと走り回っている。

ペットショップなどでよくみかけるハムスター用の「円形の回し車」（ハムスターの回し車）をご存知だろうか。これをハムスターに与えると、回し車のなかでひたすらくるくると走り続けてカワイイ。現代の日本人は、まるで回し車のなかでひたすらくるくると高速で走るハムスターのようである。

しかし、その回し車から脱落すると生きる保障もないというのが、ハムスターと日本人との決定的な違いだ。序章でも触れたが、回し車のなかで日本人が走る方角は上でも左右でもなく、あくまでも「下」だ。このゲームは、「底辺への競争」（山田二〇一七、一二-二七頁）なのである。

「データ資本主義」（e.g. 野口二〇一九）という言葉にもあるように、データもまたお金に交換しやすい時代となった。数量化できるものは即時的に「お金」に交換される。あらゆる人間の行動がデータで管理され、数量化され、計算可能なものになりつつある。現代のマーケターと呼ばれる人たちが扱っているのはもはや生身の人間ではなく、データの世界だけに存在する数字やパターンでしかないという場合もある。そのうち、「マーケティング」とはアルゴリズムのことである」という話になるかもしれない。もちろん当のマーケターも一労働者であるので、資本家から「労働力」という名前のデータで管理されてお金という「報酬」を得ているわけなのだが。

一方で消費者側も、デジタルテクノロジーの進展にともなって、便利で心地よい生活を手に入れている。amazon のようなサービスを使えば、即時的に欲しいものを探索し、選択でき、即時的な配送によって即時的な満足が得られる。amazon prime のようなサービスを買えば、月数百円で、好きな時間に好きなだけ名作映画を楽しむこともできる。YouTube のようなサービスを使えば、動画を視聴するのは文字どおりタダである。まさに「即時的な満足を容認する社会」（川口二〇一八、一三八-一四一頁）が加速度的に形成されつつある。労働も消費も、ここニッポンでは、底辺に向かうハムスターの回し車のようなシステムのうえで高速回転している。

家畜型「機械化人間」

現代の日本社会が「ハムスターの回し車」のように底辺に向かって高速回転しているという文脈において、日本を代表する漫画家・松本零士氏の「銀河鉄道９９９《スリーナイン》」は深い示唆に富む。

この作品の舞台は、西暦二二二一年の地球。主人公の星野鉄郎は、母親と朽ちた家に住んで極貧の状況にあった。鉄郎は永遠に生きられる機械の体を手に入れて、裕福な生活をしたいと夢想していた。あるとき、鉄郎の母親は、「機械化人間」である機械伯爵による「人間狩り」のターゲットにされて射殺されたうえに剥製にされ、機械伯爵の豪邸にある応接間の壁に飾られてしまう。機械伯爵のような「富裕層」は機械の体を手に入れ、不老不死の「機械化人間」として地球を支配していた。機械化されていない生身の人間は、「機械化人間」の余暇である「人間狩り」で殺されても容認される社会となっていたのである。いわば生身の人間は、家畜以下の存在である。その後、鉄郎はメーテルと一緒に、銀河鉄道９９９に乗って、アンドロメダ星雲にある「機械の体」をタダでくれるという星に向かって旅をする。長い旅の途中、鉄郎は生身の人間や機械化人間、その他様々な生物・物質たちと出会う。その出会いのなかで、鉄郎は徐々に不老不死への夢を捨てていくのだったが……。

こうした「生身の人間」対「機械」という構図は、産業革命以降ありがちなテーマではある。しかしながら、ひたすら底辺に向かう「ハムスターの回し車」のようなシステムが高速で稼動している現代の日本社会だからこそ、「銀河鉄道９９９」の物語は実感をもって我々に「生身の人間」とは何か、「人間の生」とは何かを考えさせてくれる。

「機械化人間」といえば、近年、脳に埋め込まれたチップを介してコンピュータと接続する技術が「ブレイン・マシーン・インターフェイス（ＢＭＩ）」と呼ばれ注目されている（塚越二〇一八）。こうしたサイボーグ研究が発展していけば、その他のバイオテクノロジーとリンクしながら、本当に「銀河鉄道９９９」のごとき「機械化人間」になれる日が近未来的にくるのかもしれない（それは富裕層に限っての話かもしれないが）。

近未来の話はさておいたとしても、「銀河鉄道９９９」における「機械化人間」や「機械」という言葉は、デジタルテクノロジーに身をゆだねて暮らす日本人の、ある種のメタファーとして捉えることができる。考え方によっては、我々日本人は自ら計算可能な世界に身をゆだね、機械化されていくことに、実はぬるま湯的な心地よさを覚えているのではないかと思われる。機械化されていく世界では、その「計算可能な世界」（これをシステムと呼んでもいい）のなかに漂う限りにおいては、様々な「便利」を手軽にかつ即時的に手にすることができるからだ。その姿は、「銀河鉄道９９９」における「機械伯爵」のような特権階級ではなく、家畜型「機械化人間」とでも呼べるような姿であるが。

実際に我々人類は、「機械」に抵抗しながらも「機械」を通じて豊かな生活を手に入れてきた歴史をもつ。十九世紀初頭に失業の不安を感じた労働者が起こした機械破壊運動である「ラッダイト運動」。資本主義や機械文明によって労働者個人の尊厳が失われ、機械の一部分のようになった世の中をコミカルに描いたチャーリー・チャップリン一九三六年の映画「モダン・タイムス」。核戦争後の世界で、思想、言語、婚姻などあらゆる生活に統制がかけられ、「テレスクリーン」と呼ばれる双方向テレビや屋内・外に仕掛けられた盗聴マイクによって人々の行動が当局によって監視されるディストピアを描いた、ジョージ・オーウェル一九四九年の小説『一九八四』。近年でも「人間」対「ＡＩ」、「人間」対「監視技術」といった「人間」対「機械」のモチーフについて、様々な議論が繰り広げられている。

機械化に反発する議論がこれまでも幾度と無く繰り返されてきたが、結果的に人類はなし崩し的に機械化を受け入れながら、便益を得てきたのもまた事実である。

「中華未来主義」という憧れ

一九九五年から二〇一五年の二十年で、経済成長率（名目ＧＤＰ）プラス一四一四％（藤井二〇一八、四九頁）という驚異的な経済成長を遂げた中国の統治モデルに憧憬が集まっている。共産党の一党支配が続く中国では、パターナル（権威主義的）な政治権力とＡＩや監視システムなど高度なテクノロジーとを組み合わせ、トップダウンで権力を行使することができる。新型コロナウイルスなる疫病の蔓延においても、中国政府はこの組み合わせにより人民の行動を強力に統制・管理することができた。

このようにパターナルな形で、監視技術など統治のための高度なデジタルテクノロジーを用いて、人民の功利的な幸福（経済成長や疫病の押さえ込みなど）を目指すのが中国の統治モデルである。これは、「銀河鉄道９９９」の「機械化人間」になりたがる人々のように、自ら生身の身体を棄てて「機械化人間」となり、計算可能な世界における功利という名の幸福を得たいと夢見る構造に重なる話といえるだろう。

先にも触れたオーウェルのディストピア小説『一九八四』では、統治される側の人間は監視によって抑圧されるだけの存在であった。ところが、中国の統治モデルは、オーウェル式の「監視＝悪」といった二十世紀的な監視社会の見方とは異なり、統治される側にも一定の功利的な幸福が得られるという新しいタイプの監視社会化に位置づけられる（梶谷・高口二〇一九、二九‐三〇頁）。

一方、日本、米国、ＥＵ諸国をはじめとする民主主義の国々では、プライバシー保護や人権保護の観点が表向きには重視されている。そのため、中国のように政治権力と監視技術を組み合わせてトップダウンで国民を統治することが難しい。その結果、経済成長においても、新型コロナウイルスの押さえ込みにおいても「うまくやっている」かのようにみえる中国への憧憬が湧き起こることになる。ここ二十年（一九九五〜二〇一五年）で、経済成長率（名目ＧＤＰ）マイナス二〇％（藤井二〇一八、四九頁）という「衰退途上国ニッポン」からみても、中国の統治システムに憧れる人々が現れるのは分からないことではない。

こうした背景から、極端には「人類の未来は中国にあり」とまで考える空気が強まっている。この空気や考え方は「中華未来主義」、サイノ・フューチュアリズム（Sino-futurism）などと呼ばれている。水嶋（二〇一九）は、「ある意味で、西洋社会の不安や羨望が『中華』に投影された発想とも言える」としながら、「中華未来主義」の特徴を以下のように説明する。

西洋社会が掲げてきた人権などの民主主義的な建前は、グローバルな経済競争が激化する現代において、技術革新や生産性向上を阻む「邪魔者」になってしまった。むしろ、人々の権利を制限した権威主義的な資本主義を通じて発展著しい中国やシンガポール（≒中華）にこそ「未来」があるのではないか——。

中華未来主義ほどラディカルではないにせよ、テクノロジーを使って監視社会化を進め、「利便性・安全性と個人のプライバシー（人権）とのトレードオフにおいて、前者を優先させる功利主義的な姿勢」（梶谷・高口二〇一九、三〇頁）は、世界中で標準的なものになっていくだろう。こうした「幸せな監視国家」（梶谷・高口二〇一九）に向かう世界的な流れは、当然我が国のマーケティングにおいても、その前提として無視できない流れになっていくと思われる。

「機械化する世界」における倒錯

産業革命以降、これまでの「人間」対「機械」の歴史は「人間」に象徴される「計算不可能な領域」が侵食され、「機械」に象徴される「計算可能な領域」が拡大する形で進んできた。これは「近代化」の歴史でもある。

日本社会のこれまでの二十年を振り返ってみると、「計算不可能な領域」である家族や地域といった共同体は、加速度的に消滅の一途を辿ってきた。これは、他者との信頼関係や人間関係といったソーシャルキャピタル（社会関係資本）の脆弱化を招く。ソーシャルキャピタルは、困ったときに助けてもらえるという意味で、ある種のセイフティネットとして機能する。

ソーシャルキャピタルの一つの代理変数としてみなせる、「頼りにしている家族・親族や友人・知人の数」を階級別に分析した調査がある（橋本二〇一八）。この調査によると、「家族・親族」の数では、他の階級が七〜八人前後に対し、アンダークラス（パート主婦を除く非正規労働者）はわずかに四・八人、「友人・知人」の数では、資本家階級二〇・七人、他の階級で八〜九人に対し、アンダークラスではわずか五・〇人（男性で三・二人、女性で六・〇人）にとどまる（橋本二〇一八、一〇九－一一一頁）。序章でも触れたが、国内のアンダークラスは急増している（同書、八九頁）。

こうしたソーシャルキャピタルの脆弱化に比例するようにして、日本人は「計算可能な領域」＝「システム」への依存度を高めている。「システム」が正常に回っているうちはいいが、「何かあったとき」に戻る場所・頼る他者の無い「根無し草」のように漂うアンダークラスのような階層は我が国において着実に増加しつつある。

ここでいう「システム」とは、デジタルテクノロジーによって「便利な心地よさ」が得られる消費世界と、それを下支えする「ハムスターの回し車」のような労働世界とのコンビネーションで稼動する「機械化世界」のことをいう。

たとえば、「便利な心地よさ」が得られるamazonのサービスの裏側には、注文された商品を物流センターで一点一点ピッキングしたり、即座に配送※1したりする機械的な労働の下支えが存在する。機械的な労働は、作業の画一化・標準化と労働力の取替え可能性を極限まで追求する。

amazonの物流センターで実際に働いたジャーナリストの横田増生氏は、以下のように現場での労働を描写している。

おかっぱ頭のリーダーが語るＰＴＧとは《パーセンテージ・ツゥー・ゴール》の略語である。ピッキング作業にはモトローラ製のハンディー端末を使うのだが、ピッキングのたびに、「次のピッキングまであと何秒」という表示が出る。たとえば、１００回のピッキングで、１００回ともハンディー端末が指示する時間通りにピッキングできれば、ＰＴＧ１００となる。その時間を、５回上回ればＰＴＧ１０５となり、５回下回ればＰＴＧ95となる。

ここでは毎日、アルバイト全員の名前と順位、ＰＴＧの数字が一覧表となって張り出される。

（横田二〇一九、二二一頁）

こうした機械的世界に依存すればするほど、日本人の消費と労働はともに計算可能なものに還元されて、短サイクル化、高速化、コスパ化していく。

「便利」と「ハムスターの回し車」が組み合わさったシステムが回っているうちは、思考を停止してそのシステムに依存していれば「便利」などの功利的な幸福が得られる。ところが、予測のできない「想定外」のことが起きると、人々はうろたえることになる。

「想定外」のこととは、誰もが白鳥は白いと認識していたときに突如発見された一羽の黒い白鳥、「ブラック・スワン」※2のごときものである。たとえば我が国でいえば、二〇〇八年のリーマンショック、二〇一一年の東日本大震災とそれにともなう原子力発電所の爆発が挙げられる。こうした「想定外」のことを事前に指摘する専門家は少数ながらいつも存在する。ところが、「想定外」のことが起きるかもしれない、と事前に指摘する専門家は変人扱いされるか黙殺されるのが常である。白鳥は白いと認識する人にとって、黒い白鳥は存在しないのである。

「想定外」のことが起こる図式の一つはこうだ。

まず金融工学や経済学などで作成された統計学的「モデル」に従って、今後の見通しが立てられる。なかでも「主流派」とされる学説に基づいて作成された「モデル」がもっとも強い影響力をもち、「常識」＝「白い白鳥」となる。常識となった「モデル」から外れた現象が実際に起こったとき、その現象は「想定外」＝「ブラック・スワン」と呼ばれる。「モデル」に従って設計された制度や政策は、「モデル」の予測が外れて甚大な被害が生じると「想定外」の事象とみなされ、設計者は責任を免れることができる。被害により発生した損失は、国民にかけられる巨額の税金で賄われる。

これが繰り返されていくと、考え方が先鋭化していく。つまり、「モデル」の方が正しくて「モデル」から外れた現象（我々の住む世界）の方が誤っているのだ、という先鋭化である。この先鋭化は「機械化世界」の風物詩と呼んでもいいだろう。

しかしながら、この先鋭化はある種の倒錯ともいえる。もともと人間の生きる世界は複雑なものである。もちろん複雑なものを複雑なままに捉えるのは困難をともなうので、計算可能な「モデル」の効用は大きい。なぜならば、「モデル」は、複雑な現象のなかから「分かりやすい」部分だけを取り出し「分かりにくい」部分を棄て、「分かりやすく」してくれるからだ。これを否定するつもりはない。

ところがこうした「モデル」発想が行きすぎると、「モデル」からこぼれ落ちた事象は無かったことにされる。つまり、モデルの方が常に正しく人間の生きる社会の複雑性の方が間違っている、という倒錯を招くのである。この倒錯が社会の機械化をさらに促進する。

「負」からのマーケティング

日本社会では、「想定外」のことが起きて「システム」の作動に不具合が出るたびに、「システム」の真逆にある「計算不可能な領域」（人間の領域）への憧憬が表明されてきた。たとえば、東日本大震災の後に湧き起こった「絆ブーム」のように。しかしその憧憬は、システムが復旧してしばらく経つと忘却されていった。

二〇二〇年に入って感染が拡大した新型コロナウイルスなる疫病の発生も、ある種の「想定外」の出来事であるとされている。

この騒動によって、人々が依存してきた「便利な心地よさ」と「ハムスターの回し車」が組み合わさった「システム」の作動に不具合が起きた。人々が依存してきた「システム」の正常な作動は、たとえば、グローバルなサプライチェーン、中国からのインバウンド消費、都心へのビジネス機能の一極集中、超過密の満員電車による通勤、密閉された空間に長時間拘束される職場環境……といったものを前提としていたからだ。こうした前提条件がひっくりかえると、「システム」は麻痺し、「システム」に依存してきた人々は途方に暮れることになる。
この疫病蔓延の初期段階では、一人暮らしの大学生、非正規雇用の労働者、シングルマザーなど、立場の弱い人々に対して、より大きなダメージが与えられた。その一方で、業界にもよるが「リモートワーク」なる働き方で労働価値を生み出せる労働者には、比較的ではあるがそのダメージは少ないもので済んだ。こうした「想定外」のことが起こるたびに弱者はより弱者となり、強者はより強者になる、というように格差社会が拡大していくのも、我が国における「機械化世界」の特徴である。

以上のように、「想定外」の自然災害や疫病など惨事が起こると「システム」が麻痺し、人々は混乱する。その一方で、そういうときこそ「変革のチャンス」である、とする考え方が必ずといっていいほど登場するのも興味深い。皆が混乱するこの機会に乗じて、公共領域の資源をビジネス市場に転換してビジネス拡大を図るのが「ショック・ドクトリン」(クライン二〇一一)型のビジネススタイルである。平常時であれば、様々な反対意見や保守的な意見に抵抗されて「変革」できない事柄も、「想定外」の混乱時こそ、前に進めやすいのである。今後もまた、我が国において「想定外」が起きるたびに、ショック・ドクトリン型ビジネスによって、「便利な心地よさ」と「ハムスターの回し車」が組み合わさったより強固な「システム」が更新されていくだろう。より「下」へ、より「下」へと。

こうした「機械化」する現状に対して、本書では、肯定をしているわけでも否定をしているわけでもない。現実的にいえば、マーケティングをするうえでは、この「機械化世界」を所与のものとして受け止めざるを得ないと考える。所与である「機械化世界」のなかでは、本書で取り上げた「古さ」「無駄」「無」「コンプレックス」「黒歴史」などといったものは「負」の事象としてみなされる。「機械化世界」での代表的な合言葉は、「より便利に！　より速く！　より効率的に！」だからである。

しかしながら人々は、便利で心地よくなりながらも、その一方で、この「機械化世界」に疲れや絶望を抱えているのではないかと思われる。これは、精神疾患の増加にも現れている。うつ病や統合失調症などの精神疾患により医療機関にかかっている患者数は、二〇〇二年で二五八・四万人、二〇〇八年で三二三・三万人、二〇一七年で四一九・三万人と増加傾向にある（厚生労働省ホームページ）。

哲学者のキルケゴールは絶望について、「死が希望となるほどに危険が大きいとき、そのときの、死ぬことさえもできないという希望のなさ、それが絶望なのである」（キルケゴール一九九六、三六頁）と述べている。死にたいけれども死ねない、しかし人間は寿命などで必ず死ぬので、間違いなく死に向かって生きている……、という、いわば「生ける屍（＝ゾンビ）」のような状態が絶望なのである。これが「死にいたる病」＝「絶望」ということである。

キルケゴールはいう。

絶望するものは、何事かについて絶望する。一瞬そう見える、しかしそれは一瞬だけのことである。その同じ瞬間に、真の絶望が表れる。あるいは、絶望はその真の相を表す。絶望するものが何事かについて絶望したというのは、実は自己自身について絶望したのであって、そこで彼は自己自身から抜け出ようと欲しているのである。

（キルケゴール一九九六、三八頁）

本書でいう「機械化世界」とは、「計算不可能な領域」にある本当の自分らしさとでも呼べるような内的な自己から抜け出すことで、その外部にある「計算可能な領域」に依存を高めていく世界であるともいえる。外部へと自己の依存度を高めれば高めるほど、人々は「こんなのは自分ではない！」という自己否定を抱えることになる。なぜならば、外側に向かう自己の形成は「便利で心地よい」が、いつまでたっても空虚だからである。それでも、「便利で心地よい」感触にいざなわれるようにして、なし崩し的に人は外部に向かって自己の依存度を高め続けていく……。

このように空虚になり続ける自己を「便利で心地よい」便益を享受することで埋め合わせ、「ハムスターの回し車」に乗って底辺への競争に駆り立てられる姿……。これが現代日本の一つの縮図なのではないだろうか。

当然、今後の主流派マーケティングは、「機械化世界」に対応した「より便利に！　より速く！　より効率的に！」の要請に応える価値づくりをしていくことだろう。ところがその裏側で人々は、キルケゴールのいう意味で絶望し、「人間に戻りたい！」というニーズを強めているようにもみえる。これは、「外」（計算可能な世界）に向かっていけばいくほど、「内」（計算不可能な世界）に向かって自己を取り戻したくなる心の叫びであるといえる。

こうした「人間に戻りたい！」というニーズは、必ずしも本人に自覚されるものではなく、非意識的であるかもしれない。だからこそ、マーケティングよってこのニーズを満たす具体的な価値を創造し提供することで、顧客や社会の側に「そういわれてみれば、こういう価値が欲しかったのかもしれない」と気づかせることができる。ここに「機械化世界」におけるマーケティングのオルタナティブな機会が存在する。そして、「人間に戻りたい！」というニーズ、つまり「人間回帰」のニーズを埋め合わせる価値のバリエーションは、序章でも述べたとおり人間がもつ認識の数だけ、また意志の数だけ無数に存在する。

こうした「人間回帰」のニーズを満たすための価値の源泉は、「機械化世界」からみれば「負」とみなされるような事象のなかにこそあるのではないか。したがって、「負」からのマーケティングなのである。

※1　個人事業主の宅配ドライバーの悲惨を描いたケン・ローチ監督二〇一九年の映画「家族を想うとき」（原題：Sorry We Missed You）に詳しい。

※2　「ブラック・スワン」とは、西洋で白鳥とは「白」という常識があったが、別の地域で「黒い白鳥」が発見された逸話から、ほとんどありえない事象、誰も予想しなかった事象の意味で使われる（タレブ二〇〇九）。タレブ（二〇〇九）によれば、「ブラック・スワン」には、以下の三つの特徴がある。（一）予測できないこと、（二）非常に強いインパクトをもたらすこと、（三）いったん起きてしまうと、いかにもそれらしい説明がなされ、実際よりも偶然にはみえなくなったり、最初からわかっていたような気にさせられたりすること。

あとがき

本書が書かれた直接のきっかけは、本書の著者である三人（田村、古谷、水師）が参加した共同研究による一本の査読論文にさかのぼる。その論文のタイトルは、「若者のレトロ商品における利用動機に関する研究―使い捨てフィルムカメラを対象としたノスタルジアと新奇性からの検討―」というもので、二〇一九年に学術誌に掲載された。その後、この論文によって、日本プロモーショナル・マーケティング学会の「学会賞」をいただく栄誉にあずかった（この論文は、本書第一章の土台となっている）。

我々は、自分たちのチームワークに手ごたえを感じ、引き続き共同研究を進めることにした。この三人での共同作業はまるで、若い古谷を女性ヴォーカルに担ぎ、田村・水師という二人の中年男性がバックで電子楽器を演奏するテクノ・ミュージックのバンドのような趣きが感じられた。なぜだか分からないがこの組み合わせが功を奏した。そこでいろいろと議論しているうちに、一般読者向けの書籍出版の話がもち上がったのだった。

我々は、本書執筆のきっかけとなった論文を執筆する過程で「価値リノベーション（Renovation of Value）」という視点を既に得ていた。この視点をベースに、できるだけ実務家の方々に手にとっていただき、参考にしていただけるように書かれたのが本書である。

しかし「価値リノベーション」という視点は定まっていたものの、書籍にするには肝心な具体例が足りない。そこで、我々は、この「価値リノベーション」に基づき、いくつかの切り口を考案し、事例を収集することからはじめた。そこで、出された切り口が、本書の各章のタイトルとなっている「古さ」「無駄」「無」「コンプレックス」「黒歴史」の五つである。この五つの切り口に基づいて取材先を選定している矢先に、新型コロナウイルスの感染が拡大した。その結果、取材先へのインタビューは原則ビデオ会議を通じて行われることになった。

本書の裏テーマというか真のテーマは、「人間への回帰」である。随所にそのことを書いておいたし、最後まで読まれた方にはお分かりのことと思う。「人間への回帰」。使い古されたような言葉だが、いまマーケティングの現場でもっとも足りないのがこの言葉であるように思われる。デジタルテクノロジーの発展によって、マーケティング課題はデジタルですべて解決できるという風潮が強い。というよりも、デジタルなくしてはマーケティングが成り立たない状況にある。あらゆる人間の行動がデータで管理され、数量化され、計算可能になりつつある。人間が人間としてではなく、まるで数字や記号として扱われているかのようだ。当然、我々もマーケティングの実務をしたり研究をしたりするうえで、デジタルの恩恵に与《あず》かっているのは事実であるし、この流れに抗うことはできない。その意味では、こうした流れを我々は肯定も否定もしない。しかし、いまこそバランスが重要だと考えたい。マーケティングが相手にしているのは、数字や記号ではなく、生身の人間や社会だ。数量化、計量化、モデル化された世界は合理的で効率的であることを認めつつも、過度に数量化、計量化、モデル化されていく世界に一石を投じておきたい、というのが我々の本書執筆の真の動機だった。

計算された世界、モデル化された世界からこぼれ落ちて、「誤差」として切り捨てられるような世界にこそ人間らしさが潜んでいると我々は考えている。非合理的で感情的。計算に合わないような突拍子もない行動を取ってしまうのが人間である。ＡＩのなかにではなく、家族や友人など、生身の人と人とが社交する一つひとつのエピソードのなかにこそ、「生きる」ということの本質があるのではないかと思う。しかし、こうした物言いによって、ある種、大きな流れに抗うゲリラ戦を覚悟せねばならないということも自覚している。実際に著者の三人も「機械化世界」に棲む住人なのであるから。希望をいえば、一〇回ある案件のうち、一回から二回程度はこのような「人間回帰」のゲリラ戦に参加したいと願っている。

最後に、新型コロナウイルスによる「非常事態」にも関わらず、取材に協力してくださった皆様には、心から御礼を申し上げておきたい。

「第一章」では、富士フィルム株式会社ご担当者様に、書面インタビューに対する丁寧なご協力をいただいた。また快く製品画像等をご提供くださった。

「第二章」では、川上浩司様（京都大学特定教授）、金野祥治様（現・東海自動車株式会社代表

取締役社長、元・小田急エージェンシー専務取締役）には、ビデオ会議を通じた取材にご協力いただいた。

「第三章」では、鳥塚亮様（えちごトキめき鉄道株式会社代表取締役社長、元・いすみ鉄道株式会社代表取締役社長）に、ビデオ会議を通じた取材にご協力いただいた。

「第四章」では、竹本勝紀様（銚子電気鉄道代表取締役社長）に、ビデオ会議を通じた取材にご協力いただいた。

「第五章」では、志賀賢治様（広島平和記念資料館前館長）、加藤秀一様（広島平和記念資料館副館長）それぞれに、ビデオ会議を通じた取材、ならびに現地（広島平和記念資料館）での取材にご協力いただいた。また、広島県地域政策局平和推進プロジェクト・チーム様には、書面によるインタビューに丁寧にお答えいただいた。

以上の皆様には、略式ながら、心より御礼を申し上げたい。

二〇二〇年七月

田村高志
古谷奈菜
水師　裕

参考文献

【序章】

石井光太（二〇一九）『本当の貧困の話をしよう 未来を変える方程式』文藝春秋。
一般社団法人リノベーション協議会ホームページ
https://www.renovation.or.jp/renovation/about/（二〇二〇、七月十五日アクセス）
緒方欽一（二〇一九）「『闇金ウシジマくん』作者が見た平成格差社会　テレクラ、情報商材を通して見えたもの」『東洋経済オンライン』（二〇一九年五月十日付）https://toyokeizai.net/articles/-/280283
厚生労働省ホームページ「二〇一九年国民生活基礎調査の概況」
https://www.mhlw.go.jp/toukei/saikin/hw/k-tyosa/k-tyosa19/index.html（二〇二〇、七月十五日アクセス）
『デジタル大辞泉』（小学館）goo辞書ホームページ
https://dictionary.goo.ne.jp/jn/（二〇二〇年、七月十五日アクセス）
中島義明・安藤清志・子安増生・坂野雄二・繁桝算男・立花政夫・箱田裕司（編）（一九九九）『心理学辞典』有斐閣。
中野剛志（二〇一九）『目からウロコが落ちる軌跡の経済教室【基礎知識編】』ベストセラーズ。
ニーチェ、F.（原佑訳）（一九九三）『ニーチェ全集一三　権力への意思　下』ちくま学芸文庫。

『日本経済新聞』ホームページ（二〇二〇）「19年10〜12月期GDP改定値、年率7.1%減に下方修正」二〇二〇年三月六日付。
https://www.nikkei.com/article/DGXLASFL05HCB_V00C20A3000000/（二〇二〇、七月二十三日アクセス）
橋本健二（二〇一八）『新・日本の階級社会』講談社新書。
藤井聡（二〇一八）『「10%消費税」が日本経済を破壊する今こそ真の「税と社会保障の一体改革」を』晶文社。
山田昌弘（二〇一七）『底辺への競争　格差放置社会ニッポンの末路』朝日新書。
American Marketing Association website
https://www.ama.org/the-definition-of-marketing/（二〇二〇、七月十五日アクセス）

【第一章】

裏参道ガーデンホームページ
http://www.urasando-garden.jp/#page1（二〇二〇年七月十五日アクセス）
楠見孝（二〇一四）「なつかしさの心理学－記憶と感情、その意義」楠見孝（編著）『なつかしさの心理学－思い出と感情』誠信書房。
小松誠（二〇一七）「旅の始まり」豊田秀樹（編著）『共分散構造分析［Amos編］－構造方程式モデリング－』東京図書。

酒井大輔（二〇二〇）「西武園ゆうえんち、森岡流で再生へ「古さを逆手に」青写真の狙い」『日経クロストレンド』二〇二〇年一月二十四日付。
https://xtrend.nikkei.com/atcl/contents/casestudy/00012/00309/（二〇二〇年七月十五日アクセス）
総務省情報通信政策研究所（二〇一九）『平成30年度　情報通信メディアの利用時間と情報行動に関する調査』
https://www.soumu.go.jp/main_content/000644168.pdf（二〇二〇年七月十五日アクセス）
任天堂株式会社『ニンテンドーファミリークラシックミニ』
https://www.nintendo.co.jp/clv/index.html（二〇二〇年七月十五日アクセス）
廣中直行（二〇一八）『アップルのリンゴはなぜかじりかけなのか？　心をつかむニューロマーケティング』光文社。
富士フイルム株式会社『写ルンです Life』
https://sp-jp.fujifilm.com/utsurundesu/index.html（二〇二〇年七月十五日アクセス）
富士フイルム株式会社ホームページ『「フジカラー写ルンです シンプルエース27枚撮」価格改定およびパッケージリニューアルならびに「フジカラー写ルンです シンプルエース39枚撮」販売終了のご案内』二〇一八年一月十九日付。
http://ffis.fujifilm.co.jp/information/articlein_0077.html（二〇二〇年七月十五日アクセス）
古谷奈菜・田村高志・増田光一郎・田中咲・水師裕（二〇一九）「若者のレトロ商品における利用動機に関する研究　－使い捨てフィルムカメラを対象としたノスタルジアと新奇性からの検討－」『プロモーショナ

ル・マーケティング研究』12, 7-21.
ボードレール、C.（佐藤正彰・中島健蔵訳）角川文庫『ボードレール芸術論』角川文庫。
堀内圭子（二〇〇七）「消費者のノスタルジア」『成城文藝』201, 179-198.
牧野圭子（二〇一四）「消費者行動研究からみたノスタルジア」楠見孝（編著）『なつかしさの心理学－思い出と感情』誠信書房。
松田憲・西井茜・杉森絵里子・楠見孝（二〇一二）「単純接触効果に分散・集中提示が与える長期的影響」『日本認知心理学会発表論文集』日本認知心理学会第10回大会。
水越康介（二〇〇七）「ノスタルジア消費に関する理論的研究」『商品研究』55, No.1・2, 16-55.
Baker, Stacey Menzel & Kennedy, Patricia F. (1994), "Death by Nostalgia: a Diagnosis of Context-Specific Cases," *Advances in Consumer Reseach*, 21, 169-174.
Barsalou, L. W. (1983), "Ad Hoc Category," *Memory and Cognition*, 11(3), 211-277.
Havlena, William J. & Holak, Susan L. (1996), "Exploring Nostalgia Imagery through the Use of Consumer Collages," *Advances in Consumer Research*, 23, 35-42.
Hepper, E. G., Wildschut, T., Sedikides, C., Ritche, T. D., Yung, Y. F., Hansen, N., Abakoumkin, G., Arikan, G., Cisek, S. Z., Demassosso, D. B., Gebauer, J. E., Gerber, J. P., González, R., Kusumi, T., Misra, G., Rusu, M., Ryan, O., Stephan, E., Vingerhoets, A. J. J., & Zhou, X. (2014), "Pancultural nostalgia: Prototypical conceptions across cultures," *Emotion*, 14, 733-747.

Holbrook, Morris B. & Hirschman, Elizabeth C. (1982), "The Experiential Aspects of Consumption : Consumer Fantasies, Feelings, and Fun," *Journal of Consumer Research*, 9, 132–140.

Sedikides, C., Wildschut, T., Gaertmer, Routledge, C. & Arndt, J. (2008), "Nostalgia as enabler of selfcontinuity," In F. Sani (ed.), *Self-continuity: Individual and collective perspectives.* New York: Psychology Press, 227-239.

Stern, Barbara B. (1992), "Historical and personal nostalgia in advertising text: The fin de siècle effect," *Journal of Advertising*, 21(4), 11-22.

Wildschut, T., Sedikides, C., Arndt, J., & Routledge, C. (2006), "Nostalgia: Content, triggers, functions," *Journal of Personality and Social Psychology*, 91, 975-993.

Zhou, X., Sedikides, C., Wildschut, C., & Gao, D-G. (2008), "Counteracting loneliness: On the restorative function of nostalgia,"*Psychological Science*, 19 , 1023-1029.

【第二章】

ＩＧＤＡ日本 ＳＩＧ－ＡＲＧ 謎解き分科会「謎解きイベントカンファレンス２０１５夏」https://www.igda.jp/2015/07/21/1487/（二〇二〇年七月三十日アクセス）

一般社団法人日本オートキャンプ協会（二〇二〇）『オートキャンプ白書』

遠藤周作（二〇〇九）『狐狸庵人生論』河出文庫。

オイシックス・ラ・大地「らでぃっしゅぼーやの新サービス「週末Ｋｉｔ」提供開始 体験型ミールキットで料理を通じた〝理想の週末〟を実現 10月28日（月）〜」
https://www.oisixradaichi.co.jp/news/posts/20191028syuumatsukit/（二〇二〇年七月一日アクセス）
小田急電鉄「会社小史・略年表」
https://www.odakyu.jp/company/history/（二〇二〇年七月一日アクセス）
川上浩司（二〇一七）「不便益システムデザイン」川上浩司（編著）・平岡敏洋・小北麻記子・半田久志・谷口忠大・塩瀬隆之・岡田美智男・泉朋子・仲谷善雄・西本一志・須藤秀紹・白川智弘『不便益―手間をかけるシステムのデザイン―』近代科学社。
川上浩司（二〇一九）『不便益のススメ―新しいデザインを求めて』岩波ジュニア新書。
塩瀬隆之（二〇一七）「博物館の学びを支える手がかりのデザイン」川上浩司（編著）・平岡敏洋・小北麻記子・半田久志・谷口忠大・塩瀬隆之・岡田美智男・泉朋子・仲谷義雄・西本一志・須藤秀紹・白川智弘『不便益―手間をかけるシステムのデザイン―』近代科学社。
ＳＣＬＡＰホームページ
https://www.scrapmagazine.com/（二〇二〇年六月二十五日アクセス）
スノーピーク（監修）（二〇一五）『自然にふれて取りもどす　人間の基本』マガジンハウス。
スノーピークホームページ
https://www.snowpeak.co.jp/（二〇二〇年六月二十五日アクセス）

セリグマン、M.（宇野カオリ訳）（二〇一四）『ポジティブ心理学の挑戦〝幸福〟から〝持続的幸福〟へ』ディスカヴァー・トゥエンティワン。
箱根登山鉄道「箱根登山鉄道の歴史」
https://www.hakone-tozan.co.jp/fun/history.php（二〇二〇年七月一日アクセス）
箱根登山バス「箱根キャリーサービス」
https://www.hakone-tozanbus.co.jp/carry/（二〇二〇年七月二日アクセス）
箱根ナビ
https://www.hakonenavi.jp/（二〇二〇年七月二日アクセス）
パリサー、E.（井口耕二訳）（二〇一二）『閉じこもるインターネット—グーグル・パーソナライズ・民主主義』早川書房。
パリサー、E.（井口耕二訳）（二〇一六）『フィルターバブル—インターネットが隠していること』早川書房。
不便益システム研究所ホームページ
http://fuben-eki.jp/（二〇二〇年七月十五日アクセス）
前野隆司（二〇一三）『幸せのメカニズム 実践・幸福学入門』講談社現代新書。
松岡慧祐（二〇一六）『グーグルマップの社会学　ググられる地図の正体』光文社新書。
矢野経済研究所「国内食品宅配市場調査」
https://www.yano.co.jp/press-release/show/press_id/2242（二〇二〇年七月一日アクセス）

らでぃっしゅぼーや「お料理Ｋｉｔ」ホームページ
https://www.radishbo-ya.co.jp/shop/app/catalog/list/init?searchCampaignCode=shuumatsu（二〇二〇年七月一日アクセス）

【第三章】

朝日新聞ＤＩＧＩＴＡＬ「戦後70年 17章 平成のトレンド ＩＴ革命」
http://www.asahi.com/special/sengo/visual/page81.html（二〇二〇年七月十五日アクセス）
ＡＤＤｒｅｓｓホームページ
https://address.love/（二〇二〇年七月二十八日アクセス）
Ａｄｄｒｅｓｓ Ｈｏｐｐｅｒ ｉｎｃホームページ
https://addresshopper.jp/#（二〇二〇年七月二十八日アクセス）
いすみ鉄道ホームページ
https://www.isumirail.co.jp/（二〇二〇年七月十五日アクセス）
一般社団法人不動産流通経営協会（二〇二〇年）『複数拠点生活に関する基礎調査』
内田百閒（一九七九）『阿房列車』旺文社文庫。
尾原和啓（二〇一七）『モチベーション革命　稼ぐために働きたくない世代の解体書』幻冬舎。
金嶽宗信（二〇一八）『[禅的]持たない生き方』ディスカヴァー・トゥエンティワン。

栗原直也（二〇一〇）「あなたの知らない皇居〜実態を徹底調査〜」『ランナーズ』二〇一〇年九月号。

ゴールマン、D．（二〇一九）「マインドフルネスは四つの確かな成果をもたらす」ハーバード・ビジネス・レビュー編集部（編）DAIAMOND ハーバード・ビジネス・レビュー編集部（訳）『マインドフルネス』ダイヤモンド社。

笹川スポーツ財団「ジョギングランニング人口」

https://www.ssf.or.jp/thinktank/sports_life/data/jogrun_9818.html（二〇二〇年七月十五日アクセス）

佐々木典士（二〇一五）『ぼくたちに、もうモノは必要ない。』ワニブックス。

サトータケシ（二〇一九）「予約者が後を絶たない 星のや「脱デジタル滞在」人気の理由」『クレア・トラベラー』二〇一九年一〇月三十一日付。

https://crea.bunshun.jp/articles/-/24179（二〇二〇年七月十五日アクセス）

佐藤尚之（二〇一八）『ファンベース－支持され、愛され、長く売れ続けるために』ちくま新書。

鈴木謙介（二〇一三）『ウェブ社会のゆくえ〈多孔化〉した現実のなかで』ＮＨＫ出版。

セリグマン、M．（宇野カオリ訳）（二〇一四）『ポジティブ心理学の挑戦 〝幸福〟から〝持続的幸福〟へ』ディスカヴァー・トゥエンティワン。

総務省（二〇一五）『情報通信白書 平成27年度版』

総務省情報通信政策研究所調査研究部（二〇一一）『我が国の情報通信市場の実態と情報流通量の計量に関する調査研究結果（平成21年度）－情報流通インデックスの計量－』

土井隆義（二〇一四）『つながりを煽られる子どもたち―ネット依存といじめ問題を考える』岩波ブックレット。

ニューポート、C．（池田真紀子訳）（二〇一九）『デジタル・ミニマリスト　本当に大切なことに集中する』早川書房。

星野リゾート「【星のや】「星のや」にて「脱デジタル滞在」を通年で提供開始」https://www.hoshinoresorts.com/information/release/2019/04/61265.html（二〇二〇年七月十五日アクセス）

前野隆司（二〇一三）『幸せのメカニズム　実践・幸福学入門』講談社現代新書。

三浦展（二〇一二）『第四の消費　つながりを生み出す社会へ』朝日新書。

三宅陽一郎（二〇一九）「マインドフルネスは時代の要請から生まれた」ハーバード・ビジネス・レビュー編集部（編）DAIAMOND ハーバード・ビジネス・レビュー編集部（訳）『マインドフルネス』ダイヤモンド社。


【第四章】


アーカー、D．A．（今枝昌宏訳）（二〇〇二）『戦略立案ハンドブック』東洋経済新報社。

石原真樹（二〇一六）「ＴＯＫＹＯ発　としまえん本日90周年!!　おバカ最高の広告。」『東京新聞朝刊』二〇一六年九月十五日付。

亀ヶ谷雅彦（二〇〇一）「選挙予測のアナウンスメント効果に関する先行研究の概観―アナウンスメント効果

の下位効果の拡張に向けて」『山形県立米沢女子短期大学紀要』36, 71-86.
木村隆志（二〇一九）「いきなり！ステーキの「お願い」が物議醸した訳　社長直筆文言ににじむ自画自賛と上から目線」『東洋経済オンライン』二〇一九年十二月十三日付。
https://toyokeizai.net/articles/-/319526（二〇二〇年七月十五日アクセス）
『GQ JAPAN』（二〇一五年二月六日付）「世界が最も注目するモデル、ウィニー・ハーロウ」https://www.gqjapan.jp/life/business/20150206/winnie-harlow（二〇二〇年七月十五日アクセス）
柴田真理子（二〇〇九）「悼む：動物編　跳べないイルカ、ラッキー＝8月2日死ぬ・推定17～18歳」『毎日新聞』二〇〇九年九月九日付。
世瀬周一郎・大林広樹・千住貞保（二〇一八）「口コミ新時代「オネストマーケティング」」『日経MJ（流通新聞）』二〇一八年二月十六日付。
竹本勝紀・寺井広樹（二〇一九）『崖っぷち銚子電鉄なんでもありの生存戦略』イカロス出版。
福永雅文（二〇一八）『新版　ランチェスター戦略「弱者逆転」の法則』日本実業出版社。
『日経トレンディ』（二〇一九）三月号「特集3－ネット炎上の傾向と対策　2019年版－ネット炎上の傾向と対策－大手企業も続々犠牲に意図せぬ「引火」と「延焼」を防ぐ！」『日経トレンディ』二〇一九年三月号。
『日経MJ（流通新聞）』（二〇一九）「映画『翔んで埼玉』人気の秘密―つまらない差別意識笑う（品田英雄のヒットの現象学）」『日経MJ（流通新聞）』二〇一九年三月二十二日付。

松村明（二〇〇六）『大辞林 第三版』三省堂。

山口路子（二〇一七）『ココ・シャネルの言葉』大和書房。


【第五章】


『朝日新聞デジタル』「戦時下の穏やかな日常、あえて描いた　こうの史代さん」『朝日新聞デジタル』二〇一六年十一月十一日付。

https://www.asahi.com/articles/ASJC7R8JJC7PITB01P.html（二〇二〇年七月二十二日アクセス）

石井光太（二〇一八）『原爆　広島を復興させた人びと』集英社。

石原吉郎（二〇一六）『石原吉郎セレクション』岩波現代文庫。

石原吉郎（二〇〇〇）『石原吉郎評論集』同時代社。

井出明（二〇一八）『ダークツーリズム』幻冬舎新書。

ヴァレリー、P．（恒川邦夫訳）（二〇一〇）『精神の危機　他十五篇』岩波文庫。

ウォルター、T．（二〇一〇）「忘却、記憶、そして哀悼の不可能性」関沢まゆみ編（二〇一〇）『戦争記憶論——忘却、変容そして継承』昭和堂。

NHK広島放送局編（二〇〇三）『原爆の絵　ヒロシマの記憶』日本放送出版協会（NHK出版）。

小河原正巳（二〇一四）『ヒロシマはどう記録されたか　上　昭和二十年八月六日』朝日文庫。

柿木伸之（二〇一八）「記憶する言葉へ　忘却と暴力の歴史に抗して」東琢磨・川本隆史・仙波希望編（二〇

一八）『忘却の記憶　広島』月曜社。
上別府保慶（二〇一九）「富野監督が描く黒歴史」西日本新聞ホームページ（二〇一九年七月一四日付）https://www.nishinippon.co.jp/item/n/524213/（二〇二〇年七月二二日アクセス）
川口高弘（二〇一八）『価値共創時代におけるマーケティングの可能性：消費と生産の新たな関係』ミネルヴァ書房。
こうの史代・西島大介（二〇一六）「対談　片隅より愛をこめて」『ユリイカ』二〇一六年十一月号。
佐藤真澄（二〇一八）『ヒロシマをのこす　平和記念資料館をつくった人・長岡省吾』汐文社。
丹青社ホームページ「広島平和記念資料館東館　最新の演出技術も活かし、原爆の惨禍を克明に伝える」https://www.tanseisha.co.jp/works/detail/60836（二〇二〇年七月五日アクセス）
電撃データコレクション編集部・小林徹也編（二〇〇七）『電撃データコレクション⑳∀ガンダム』メディアワークス。
トリップアドバイザーホームページ「旅好きが選ぶ！　外国人に人気の日本の観光スポット 2020」https://tg.tripadvisor.jp/news/ranking/best-inbound-attractions/（二〇二〇年七月五日アクセス）
中国新聞広島メディアセンターホームページ「被爆人形　展示続けて　原爆資料館改装で撤去計画　市民が市議会に請願書」http://www.hiroshimapeacemedia.jp/?p=36327（二〇二〇年七月二十一日アクセス）
中国新聞広島メディアセンターホームページ「ヒロシマ用語集　建物疎開」

http://www.hiroshimapeacemedia.jp/?insight=20120828145735117_ja（二〇二〇年七月二十一日アクセス）

鍋島唯衣（二〇一八）「原爆資料館の人形展示を考える」東琢磨・川本隆史・仙波希望編（二〇一八）『忘却の記憶　広島』月曜社。

日本放送協会編（一九七五）『劫火を見た　市民の手で原爆の絵を』日本放送出版協会。

根本雅也（二〇一八）『ヒロシマ・パラドクス　戦後日本の反核と人道意識』勉誠出版。

ハイン、R．／セルデン、M．（粟野真紀子訳）（一九九八）「原爆はどのように記憶されてきたのか　発話と沈黙の五十年」『世界』一九九八年一月号。

濱田武士（二〇一四）「戦争遺産の保存と平和空間の生産：原爆ドームの保存過程を通じて」『歴史評論』772, p20-34.

広島市・長崎市 原爆災害誌編集委員会（一九八五）『原爆災害―ヒロシマ・ナガサキ』岩波書店。

米山リサ（二〇〇五）『広島　記憶のポリティクス』岩波書店。

和田充夫・恩藏直人・三浦俊彦（二〇一二）『マーケティング戦略〔第四版〕』有斐閣。


【終章】


イリイチ、I．（渡辺京二・渡辺梨佐訳）（二〇一五）『コンヴィヴィアリティのための道具』ちくま学芸文庫。

梶谷懐・高口康太（二〇一九）『幸福な監視国家・中国』ＮＨＫ出版新書。

川口高弘（二〇一八）『価値共創時代におけるマーケティングの可能性：消費と生産の新たな関係』ミネルヴァ書房。

キルケゴール、S.（枡田啓三郎訳）（一九九六）『死にいたる病』ちくま学芸文庫。

クライン、M.（幾島幸子・村上由見子訳）（二〇一一）『ショック・ドクトリン〈上〉――惨事便乗型資本主義の正体を暴く』岩波書店。

厚生労働省ホームページ「知ることからはじめよう　みんなのメンタルヘルス総合サイト」https://www.mhlw.go.jp/kokoro/speciality/data.html（二〇二〇年七月三十一日アクセス）

タレブ、N. N.（望月衛訳）（二〇〇九）『ブラック・スワン（上）―不確実性とリスクの本質』ダイヤモンド社。

塚越健司（二〇一八）「脳にチップを埋めた兵士出現…「サイボーグ化」技術はここまで進んだ「バイオハッキング」が拍車をかける」『現代ビジネス』ホームページ（二〇一八年九月九日付）https://gendai.ismedia.jp/articles/-/57406（二〇二〇年七月二十六日アクセス）

野口悠紀雄（二〇一九）『データ資本主義　21世紀ゴールドラッシュの勝者は誰か』（日本経済新聞出版）。

藤井聡（二〇一八）『「10％消費税」が日本経済を破壊する今こそ真の「税と社会保障の一体改革」を』晶文社。

横田増生（二〇一九）『潜入ルポ amazon 帝国』小学館。

水嶋一憲（二〇一九）「中国の「爆速成長」に憧れる〈中華未来主義〉という奇怪な思想」『現代ビジネス』ホームページ（二〇一九年三月八日付）

https://gendai.ismedia.jp/articles/-/60262（二〇二〇年七月二十六日アクセス）
山田昌弘（二〇一七）『底辺の競争格差社会ニッポンの末路』朝日新書。

や・ゆ・よ行

ら行・わ行

ま行

な行

は行

さ行

た行

■ 索引

あ行

か行

田村 高志（たむら たかし） 第二章・第三章担当

株式会社小田急エージェンシー
コミュニケーションデザイン局プランニング部長
プランニングディレクター
川崎市出身。立教大学経済学部卒。新卒で小田急エージェンシーに入社。エリア・街・商業施設といった「場」の活性化、エンゲージメントプログラム開発・CRMといった顧客リレーションシップマーケティング、新たな沿線生活事業の開発に従事。日本マーケティング学会「鉄道沿線マーケティング研究会」に所属し、「沿線」「駅」のポテンシャルを活用した新たな価値づくりを研究。主な論文は「未来の駅が創造する価値の研究－ LDK ステーションと沿線多拠点生活の可能性」（日経広告研究所報 310・311 号、共著）。受賞歴に、第 4 回日本プロモーショナル・マーケティング学会研究助成論文「学会賞」等がある。

古谷 奈菜（ふるや なな） 第一章・第四章担当

株式会社小田急エージェンシー
プランニング部データアナリスト
さいたま市出身。立教大学現代心理学部卒。新卒で小田急エージェンシーに入社。クレジットカードや E コマースの購買履歴データを用いた CRM 分析業務や小田急グループ商業施設のマーケティングに従事。受賞歴に、第 4 回日本プロモーショナル・マーケティング学会研究助成論文「学会賞」、「日本マーケティング学会 カンファレンス 2018」ベストポスター賞がある。
所属学会：日本マーケティング学会、日本プロモーショナル・マーケティング学会

水師 裕（すいし ゆたか） 序章・第五章・終章担当

武蔵野美術大学 ソーシャルクリエイティブ研究所 客員研究員
松江市出身。中央大学大学院戦略経営研究科修了、筑波大学大学院ビジネス科学研究科博士後期課程在籍。株式会社リサーチ・アンド・ディベロプメント（R&D）、株式会社小田急エージェンシーなどでリサーチとマーケティングの実務を経験。研究領域は、消費者行動、マーケティング。研究の受賞歴に、第 2 回、第 3 回、第 4 回日本プロモーショナル・マーケティング学会「学会賞」（3 年連続）、日本消費者行動研究学会「第 17 回 JACS 論文プロポーザル賞優秀賞」、筑波大学学長表彰（2017 年度）、日本マーケティング学会「カンファレンス 2019 ベストポスター賞」等がある。
所属学会：日本行動計量学会（広報委員）、日本社会心理学会、日本商業学会、日本消費者行動研究学会、日本人間行動進化学会、日本マーケティング学会（「鉄道沿線マーケティング研究会」企画運営メンバー）、日本マーケティング・サイエンス学会他

ブックデザイン●渕上将一（小田急エージェンシー／クリエイティブディレクター）
瀧田 翔（小田急エージェンシー／アートディレクター）
図表・DTP ●横内俊彦
校正 ●矢島規男

リノベーション・オブ・バリュー
負からのマーケティング

2020年11月1日　初版発行

著　者　田村高志・古谷奈菜・水師 裕
発行者　野村直克
発行所　総合法令出版株式会社
〒103-0001 東京都中央区日本橋小伝馬町15-18
EDGE小伝馬町ビル9階
電話　03-5623-5121
印刷・製本　中央精版印刷株式会社

ISBN 978-4-86280-770-0
総合法令出版ホームページ　http://www.horei.com/